电力容量充裕度

保障机制设计

U0792534

陈政　尚楠　张妍　冷媛　杨鑫和　编著

Design of Capacity Adequacy Guarantee Mechanism

中国电力出版社
CHINA ELECTRIC POWER PRESS

图书在版编目（CIP）数据

电力容量充裕度保障机制设计 / 陈政等编著. —北京：中国电力出版社，2022.12
ISBN 978-7-5198-7418-6

Ⅰ.①电… Ⅱ.①陈… Ⅲ.①供电管理—研究—中国 Ⅳ.① F426.61

中国版本图书馆 CIP 数据核字（2022）第 257315 号

出版发行：中国电力出版社
地　　址：北京市东城区北京站西街 19 号（邮政编码 100005）
网　　址：http://www.cepp.sgcc.com.cn
责任编辑：岳　璐（010-63412339）
责任校对：黄　蓓　王海南
装帧设计：张俊霞
责任印制：石　雷

印　　刷：北京九天鸿程印刷有限责任公司
版　　次：2022 年 12 月第一版
印　　次：2022 年 12 月北京第一次印刷
开　　本：710 毫米 ×1000 毫米　16 开本
印　　张：8.25
字　　数：118 千字
印　　数：0001-1000 册
定　　价：49.00 元

前　言

电力容量充裕度保障机制作为电力市场体系不可或缺的构成部分，是确保中长期电力供应安全的关键措施。为支撑经济高质量发展，我国电力需求预计仍将长期维持稳步增长，在新能源大规模发展、能源供给结构加速绿色转型背景下，电力供应保障压力日渐凸显。对我国而言，建立健全电力容量充裕度保障机制，既是挖掘传统电源调节备用价值，充分激励新增电源投资，保障电力中长期供应安全的现实需要，也是妥善处理市场化改革带来的发电环节搁浅成本，有效衔接改革前后政策机制，实现社会福利最大化的客观要求。当前，迫切需要建立健全电力容量充裕度保障机制，以实现存量资源价值最大化、增量资源投资最优化，更好地推动能源电力绿色低碳转型，促进新能源与传统电源协调发展。

从世界范围来看，电力市场化改革先行国家和地区都高度重视保障电力容量充裕性，并结合具体国情、区情建立了形式各异的保障机制。如美国得州、澳大利亚等出于尽可能充分利用价格需求弹性、形成强烈需求响应信号等考虑，选择了稀缺电价机制且同时配套设计较高的竞价上限，使得发电商能通过在供应紧张时段的短时极高价格来回收投资成本；智利、阿根廷等国家倾向于维持监管机构的裁量权，通过由政府或特定机构根据公允评估结果，直接制定容量补偿价格，补偿费用由电力用户分摊；美国PJM、英国等选择将行政监管与市场竞争手段结合起来，由政府或特定授权机构根据可靠性标准确定容量需求后，再通过容量市场实施竞争性容量采购，容量购买费用最终由所有用户分摊。世界各国因地制宜采用了不同的电力容量充裕度保障机制，也给我国相关制度设计提供了有益参考。

自《中共中央国务院关于进一步深化电力体制改革的若干意见》（中发〔2015〕9号）发布伊始，我国新一轮电力市场化改革历时8年有余，已取得显著改革成效。电力市场建设整体稳步推进，公平、开放、多元的竞争格局初步形成，市场化交易电量比重大幅提升，市场在资源优化配置中的作用显著增强。当然，目前也存在单一电能量市场无法充分体现各类电源价值、新增电源投资激励不足、系统面临供应短缺风险等问题，亟需建立电力容量充裕度保障机制。国家发改委、国家能源局《关于加快建设全国统一电力市场体系的指导意见》（发改体改〔2022〕118号）中明确指出，要因地制宜建立发电容量成本回收机制，探索直接补偿机制、容量市场、稀缺电价等多种方式，保障电源固定成本回收和长期电力供应安全。

本书围绕电力容量充裕度保障机制展开阐述，共分为8章。第1章阐述了建立电力容量充裕度保障机制的重要意义；第2章论述了我国电力市场及容量充裕度保障机制建设现状；第3章概述了电力容量充裕度保障机制基本理论；第4章分析了美国得州、澳大利亚稀缺定价机制及应用情况；第5章介绍了智利直接补偿机制及实施效果；第6章剖析了英国、美国PJM容量市场机制、德国战略备用机制及运营情况；第7章结合我国电力市场建设实际情况，提出了电力容量充裕度保障机制设计思路，包括初期采用差异化容量直接补偿机制，远期构建面向新型电力系统的新型容量市场机制等；第8章为结语。

本书由南方电网能源发展研究院有限责任公司编制，南方电网能源发展研究院是南方电网公司直属智库机构，在能源电力市场与价格研究等领域已开展了大量研究工作，形成了丰富成果积累。编写本书的初衷是在充分借鉴世界经验基础上，结合电力市场化改革形势要求，探讨我国电力容量充裕度保障机制建设思路，为相关研究人员、政策制定者等提供参考。

受限于作者的能力和视野，书中难免存在不足与疏漏，敬请读者批评指正。

作者

2022年10月

目录
CONTENTS

1 电力容量充裕度保障机制的重要意义

《中共中央国务院关于进一步深化电力体制改革的若干意见》(中发〔2015〕9号，简称“中发9号文”)正式印发后，全国各地纷纷启动电力市场建设，也已取得了显著改革成效，市场在能源电力资源配置中的作用日益凸显。但目前各地电力市场建设主要以中长期、现货电能量市场以及辅助服务市场等为重点，系统的电力容量充裕性保障机制建设还存在明显短板，也对电力供应安全形成严峻挑战，亟需建立健全相关机制。

(1)电力需求持续中高速增长需要配套机制确保供应安全。相较于欧美等发达国家电力需求已进入相对饱和的发展阶段不同，为支撑未来国民经济高质量增长需要，我国电力需求预计仍将维持中高速增长态势。2021年我国全社会用电量达到83128亿kWh，同比增长10.3%，较2019年同期增长14.7%，两年平均增长7.1%。电力系统发电容量保持合理充裕，是保障电力安全供给和电力市场稳定运行的基础，由于各类电源投资建设周期普遍较长，如无配套机制提前实现供需形势预警并形成新建电源决策，随着电力负荷增长，即使在出现短缺时启动新建电源建设，也将难免出现电力供应阶段性短缺局面。

(2)新能源快速发展带来发电容量保障难题亟需机制改革。随着我国新型电力系统建设逐步推进，系统电源结构将逐步调整，传统电源功能定位也将逐步变化。我国能源资源禀赋特点决定了煤电等化石能源发电将在未来一段时间内仍担当主力电源角色，但为满足碳达峰碳中和目标约束要求，风电、光伏等新能源势必持续快速发展，相应装机和发电量占比也将快速提高。新能源出力具有随机性、波动性，相对其他传统电源而言仅有电量替代效益而无容量替代效用，并不能独立保障可靠电力供给，而必须依赖煤电等提供容量保障，由此需要完善相关容量保障机制以确保供应安全。

（3）电力市场主体利益格局深刻调整需要市场机制同步改革。构建新型电力系统不仅意味着系统物理形态变化，更将带来市场主体利益格局的深刻调整。一方面，随着新能源大规模并网运行，煤电、气电等传统化石能源发电装机利用小时数将逐步下降，将承担更多系统调节责任；另一方面，风电、光伏等新能源发电短期边际成本接近于零，这也就意味着新能源大规模进入市场后，将对电能量市场出清价格产生重大冲击，仅依赖发电量获取收益的运营模式将使得煤电、气电等传统化石能源发电企业运营可能难以为继。

（4）市场化改革持续深化背景下改革搁浅成本问题亟待破解。长期以来，我国发电资源分配主要依赖计划方式实现，即便2002年上一轮电改启动、“厂网分开”基本实现后，发电上网价格仍普遍执行标杆电价或核准定价模式，盲目“跑马圈地”也曾导致电力供给出现阶段性过剩，但随着电力需求持续增长，原有过剩供给能力基本得到自然消化，在供需形势日趋紧迫的当下，这些存量发电资源也都发挥着重要保供支撑作用。随着电力市场化改革走向深入，原基于标杆电价政策等投资建设的电源逐步进入市场，然而仅由电能量市场竞争形成的价格收益水平往往难以完全覆盖机组前期投资回收，影响相关发电企业的可持续运营。

综合来看，尽快建立健全适合我国国情的电力容量充裕度保障机制，既是挖掘传统电源调节备用价值，充分激励新增电源投资，保障电力中长期供应安全的现实需要，也是妥善处理市场化改革带来的发电环节搁浅成本，有效衔接改革前后政策机制，实现社会福利最大化的客观要求。当前，迫切需要加快电力容量充裕度保障机制建设，以实现存量资源价值最大化、增量资源投资最优化，更好地推动能源电力绿色低碳转型，促进新能源与传统电源协调发展。

2 我国电力市场及容量充裕度保障机制建设现状

自2015年新一轮电力体制改革启动以来，按照“管住中间、放开两头”的总体思路，我国电力市场化改革稳步推进，取得积极成效。全国范围内中长期市场基本实现全覆盖，现货市场试点提速扩围，辅助服务市场不断健全，市场主体数量持续增长，交易规模逐年扩大，交易品种不断丰富，交易体系基本建立，多元主体竞争格局初步形成。

2.1 电力市场建设基本情况

2.1.1 市场主体数量

电力市场主体数量持续大规模增长。截至2021年底，在全国各电力交易机构注册的各类市场主体累计突破46万家，较2020年增长约20万家，同比增长70%左右；其中，发电厂突破3万家，售电公司约5000家，电力用户超过40万家，市场主体注册情况如图2-1所示。

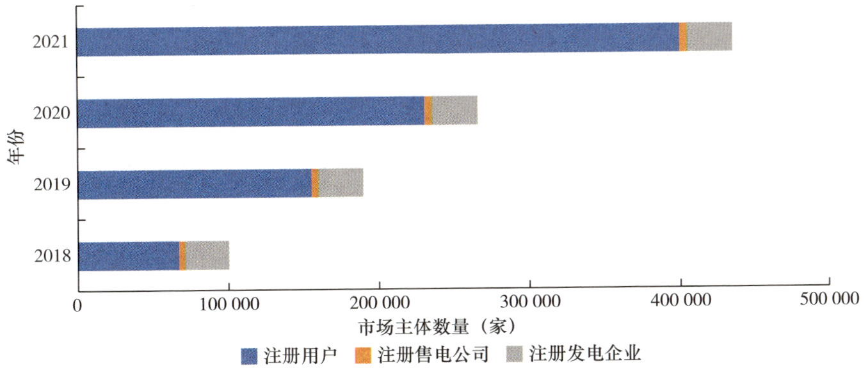

图2-1 2018—2021年我国电力市场主体注册情况

2.1.2 市场化交易电量

市场化交易规模持续扩大。2021年，全国各电力交易中心累计组织完成市场化交易电量37787.4亿kWh，同比增长19.3%。其中全国电力市场中长期电力直接交易电量30404.6亿kWh，同比增长22.8%，占据全社会用电量比重达到36.6%，同比提高3.6个百分点。2016—2021年全国范围内市场化交易电能规模及增长情况如图2-2所示。

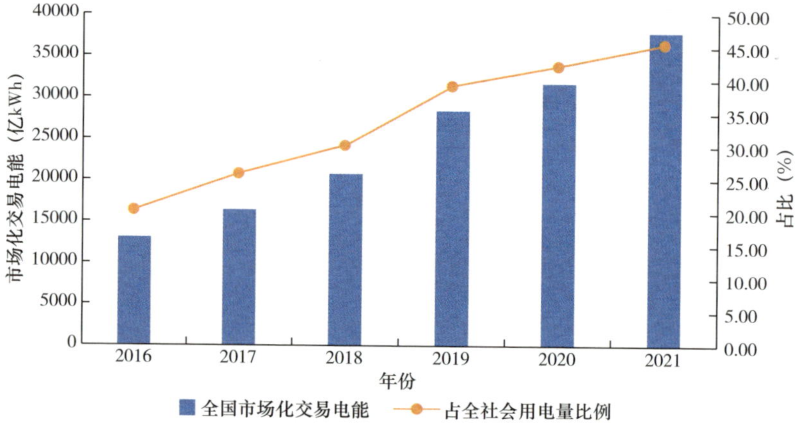

图2-2 2016—2021年全国范围市场化交易电能规模及增长情况

市场化电量占全社会用电量比例持续升高。2021年，全国各电力交易中心累计组织完成市场交易电量占全社会用电量比重达到45.5%，同比提高3.3个百分点，其中山西、青海、云南的电力交易相对活跃，长期电力直接交易占全社会用电量比重超过50%；江苏、广东、山东、蒙西、山西等省（区、市）电力直接交易电量规模处于全国前列，电量规模均超过1500亿kWh。2021年全国各省（区、市）电力直接交易电量占全社会用电量比重如图2-3所示。

2.1.3 市场交易体系

初步建立了全覆盖、多品种市场交易体系。在空间上形成覆盖区域、省内的市场；在时间上形成覆盖多年、年度、月度、月内的中长期交易以及日前、日内现货交易体系；在交易标的上建立了覆盖电能量、辅助服务等交易品种的全市场体系结构。目前全国范围跨省跨区、省内中长期市场已较为完

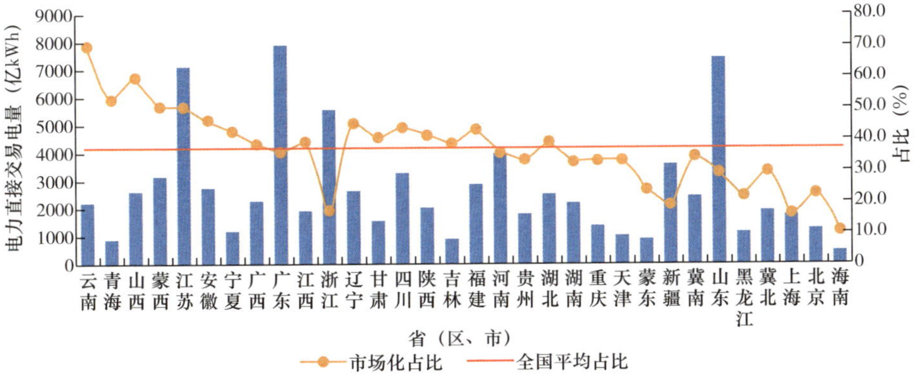

图2-3　2021年全国各省（区、市）电力直接交易电量占全社会用电量比重

善并常态化运行，首批八个现货试点全部进入长周期结算试运行，第二批六个现货试点正式宣布启动，现货市场建设进一步提速。南方（以广东起步）电力现货市场在全国率先投入试运行，2021年11月启动长周期连续结算试运行。7月23日，南方区域电力市场试运行启动会举办，标志着全国统一电力市场体系率先在南方区域落地。

2.1.4　清洁能源消纳

新能源发电量、利用率屡创新高，逐步建立新能源市场化消纳机制。灵活开展跨省跨区富余新能源现货交易、新能源打捆交易、发电合同转让、绿色电力证书交易、绿色电力交易等各具特色的交易机制。2021年9月7日，绿色电力交易试点正式启动，首场交易共有17个省（区、市）的259家市场主体参与，首批共成交电量近80亿kWh，环境溢价约0.03元/kWh，电力用户覆盖互联网、化工、能源、食品、生物等多个行业，交易涵盖周期最长达10年。2021年，全国可再生能源发电装机规模历史性突破10亿kW，新能源年发电量首次突破1万亿kWh，风电、光伏利用率分别达到96.9%、97.9%。其中国家电网经营区域新增新能源装机8700万kW，新能源发电装机总容量达5.36亿kW，占电源总装机的29%，利用率达97%以上；南方区域可再生能源发电利用率达99.8%，风电、光伏发电基本全额消纳，非化石能源电量占比达48.9%。

2.2 容量充裕度保障机制现状

目前，我国已有多个试点地区陆续开展了容量保障机制的探索工作，以期有效引导电源投资、保障电力系统长期容量充裕性、解决发电搁浅成本等问题。

2.2.1 广东

2020年11月，广东省能源局、南方能监局发布了关于征求《广东电力市场容量补偿管理办法（试行）》等文件意见的函，该办法适用于南方（以广东起步）电力现货市场结算运行期间的容量补偿费用的计算与结算，标志着广东正式开展容量补偿机制建设探索。

广东容量补偿总体思路为根据各机组的有效容量给予合理补偿，补偿价格由政府根据市场运行情况动态调整，费用在用户和售电公司间进行分摊，该机制的主要内容包括：

（1）在补偿原则方面，按照容量度电分摊标准按月向售电公司（含直接参与批发市场的大用户）收取容量电费，并根据市场机组有效容量占市场机组总有效容量比例补偿给各类机组；

（2）在补偿对象方面，现阶段容量补偿对象为参与广东电力市场化交易并获得与用户侧直接交易资格的省级及以上调度机构调度管理的燃煤、燃气发电机组；

（3）在分摊标准方面，售电公司容量度电分摊标准按照广东电力市场化机组投资建设成本及市场运行情况进行测算，由广东能源局会同省价格主管部门核定后执行，可根据市场运行情况进行动态调整；

（4）在容量电费方面，按照各售电公司当月价差中长期合约外电量及容量度电分摊标准收取容量电费，计算公式为：

$$\text{售电公司容量电费} = \text{售电公司当月价差中长期合约外电量} \times \text{容量度电分摊标准} \tag{2-1}$$

另外，售电公司当月价差中长期合约外电量为负时置零；

（5）在有效容量确定方面，根据机组检修、非计划停运和阻塞停运等情况，按月计算机组的有效容量。对于已经折旧完成的机组，有效容量在核定值基础上打折，打折系数不超过0.8；

（6）在发电侧容量补偿方面，机组容量补偿费用按以下公式计算：

$$\text{机组容量补偿金额}=(\sum\text{售电公司容量电费})\times(\text{该机组当月实际有效容量}/\text{当月实际总有效容量}) \tag{2–2}$$

（7）在结算与电费收付方面，容量补偿电费以月度为周期进行结算，由电力交易机构按月出具相关结算依据，各市场主体的容量补偿电费保持与电网企业的电费结算支付方式不变。

2.2.2 山东

2020年4月20日，山东省发改委印发《关于电力现货市场燃煤机组试行容量补偿电价有关事项的通知（征求意见稿）》，山东省成为全国首个单独对燃煤机组容量补偿电价进行规定的省份。山东容量补偿电价按机组市场发电量进行补偿，向所有市场化用户收取。当前阶段山东暂未发布容量市场细则，只明确在山东容量市场运行前，参与电力现货市场的发电机组容量补偿费用从用户侧收取，收取标准暂定为0.0991元/kWh（含税）；在容量市场运行后，发电机组通过容量市场收回容量成本。2020年5月16—19日，山东电力现货市场成功开展第三次连续结算试运行，山东燃煤机组容量电价补偿机制得以验证。

2022年3月，山东发改委发布《关于电力现货市场容量补偿电价有关事项的通知》，进一步明确了容量补偿电价的标准与收取方式；2022年7月，山东印发《关于2022年山东省电力现货市场结算试运行工作有关事项的补充通知（征求意见稿）》，提出9月起对可调节负荷试行基于峰荷责任法的容量补偿电价收取方式。

2.2.3 浙江

自2015年6月起，浙江对燃气机组实行两部制上网电价，以区分固定成本和变动成本，确保机组合理收入。实行两部制电价后，电网在不需要电厂供电时，只向电厂支付容量电费；需要电厂供电时，则同时支付容量电费和电量电费。

2021年9月，浙江省发改委发布《省发展改革委关于优化我省天然气发电上网电价的通知》要求，存量机组继续执行两部制电价：9F、9E机组容量电价为302.4元/（kW·年）（含税，下同），6F机组容量电价为571.2元/（kW·年），6B机组容量电价调整为394.8元/（kW·年），电量电价按气电联动方式制定；天然气分布式发电机组继续执行单一制电价，上网电价仍暂按每千瓦时0.65元执行；新建9H机组全电量参与电力市场，执行市场交易电价。

此外，浙江省还明确了气电价格的联动方式，即依据气源价格，综合考虑其他物料成本，分机组类型、分淡旺季，核定天然气发电机组电量电价：

$$\text{9F、6F机组电量电价}=\text{天然气到厂价（含管输费）}\div 4.9\times(\text{电源增值税}\div\text{气源增值税}) \quad (2\text{-}3)$$

$$\text{9E、6B机组电量电价}=\text{天然气到厂价}\div 4.5\times(\text{电源增值税}\div\text{气源增值税}) \quad (2\text{-}4)$$

电力市场运行期间，天然气发电机组电量电价执行电力市场交易电价。

近期中国各省区发电容量充裕性保障机制如表2-1所示。

表2-1　近期中国各省区发电容量充裕性保障机制一览

省份	政策	内容	共性	特点
广东	《广东电力市场容量补偿管理办法（试行，征求意见稿）》《广东电力现货市场机组发电成本测算办法（试行，征求意见稿）》	根据各机组的有效容量给予补偿，补偿价格可动态调整，费用在用户和售电公司间进行分摊	保障电力容量充裕度，解决固定成本回收问题	只对超出售电公司持有的价差中长期合约外的用电量收取费用
山东	《关于电力现货市场燃煤机组试行容量补偿电价有关事项的通知（征求意见稿）》	按机组市场发电量进行补偿		对市场化用户所有电量收取费用
浙江	《浙江省物价局关于我省天然气发电机组试行两部制电价的通知》	分成容量电价和电量电价两部分，分别代表固定成本和变动成本		两种电价分别计算后的电费总和即为客户应付的全部电费

3 电力容量充裕度保障机制理论分析

电力不同于一般商品，电力系统固有特性要求电源和负荷即时功率平衡，也即电力供给和电力需求瞬时匹配，同时电力也难以实现大规模、低成本存储，这就使得维持电力供给能力的相对充裕性，以满足高峰负荷时段的电力负荷需求显得尤为重要。电力供给能力形成过程既包括前期各类发电资源的开发建设，也包括建成后发电设备正常运行以匹配负荷需求，由此从发电端来看电力生产成本可分解为固定成本（主要为前期电源开发建设成本）和可变成本（主要为运行阶段产生的燃料费用等）。结合电力生产特性及电力体制情况，可基于边际成本法、综合成本法等形成价格，其中边际成本法又可分为长期边际成本法、短期边际成本法。由于大部分电源建设周期都超过中长期、现货等电能量市场覆盖时间尺度，使得目前电能量市场往往仅能实现短期边际成本定价，而难以覆盖电源的前期建设投资成本。同样由于电源建设周期过长，即便在市场因出现电力短缺而发出价格信号后随即进行新增电源投建决策，仍难以避免电力供应出现阶段性、周期性短缺局面，也即形成“蛛网效应”。解决前述问题的关键在于建立科学的电力容量充裕度保障机制，国际典型解决方案包括稀缺定价、容量直接补偿以及容量市场等机制。

3.1 基本原理分析

3.1.1 成本构成

企业的成本通常可分为固定成本和可变成本，其中固定成本指的是成本总额在一定时期和一定业务量（或产量）范围内，不受业务增减变动（或产量变化）影响而保持不变的成本；可变成本指的是用于支付给各种变动生产要素的费用，一般指随着产量变化而变化的成本。对于发电企业而言，通常将与发电装机投资建设决策相关的成本界定为固定成本，其他仅在有发电生产活动时产生的燃料费用支出等成本称为可变（变动）成本。

其中，发电企业的固定成本主要包括设备购置、土地租赁、财务融资、并网等环节产生的成本。这些成本在项目投资建设阶段已经发生，与后续企业的生产决策无关，在电源投资建设完成后一般被视为“沉没成本”，通常按每单位装机容量（每千瓦或每兆瓦）计算。

发电企业的可变成本通常包括燃料成本、运营和维护费用以及排放相关费用等，这些成本与发电量息息相关，当需要决定是否实施发电行为时，才会产生可变成本，通常按每单位发电量（每千瓦时）计算。需要说明的是，劳动力等成本虽然与生产决策不呈现直接相关性，但考虑到企业可以雇用或解雇员工，且该成本在电力生产中占比较小，通常也将该成本包含在可变成本中。

燃煤、燃气、水电、风电、光伏等不同类型机组的成本组成不完全相同，在固定成本和可变成本的结构组成上存在显著差异。如表3-1所示，煤电机组固定成本与可变成本占比相当，气电机组可变成本占总成本的比重达到70%以上，水电、风力及光伏发电几乎没有可变成本。

表3-1　　典型发电机组类型的成本组成

类型	固定成本（$/kW）	可变成本（$/MWh）
煤电	1897	27.9 ~ 39.37
煤电（碳捕集）	4572	
气电（热电联产）	823	44.25 ~ 78.75
水电（水库型）	3319	很少
水电（河流型）	3557	很少
地热	6647	很少
核电	3606	8.8
生物质能	2501	10.44 ~ 12.78
光伏（集中式）	995	很少

续表

类型	固定成本（$/kW）	可变成本（$/MWh）
光伏（分布式）	1583	很少
风电（离岸）	2876	很少
风电（陆上）	1391	很少

资料来源：世界银行（2020）[1]、IEA（2020）[2]。

随着新能源占比越来越大，各种电源容量价值、电量价值迥异，特别是具有波动性和间歇性的新能源，其装机容量的增长并不能等同于同等规模的可调容量的增长，其容量投资成本可认为是非常大，而同时其发电边际成本几乎为零，在容量价值和电量价值方面均具有极端特性。当新能源大规模进入电能量市场，一方面在新能源大发时，因其可变成本接近于零，会导致整个市场出清电价非常低，严重影响其他机组的收益水平；另一方面遇到高峰负荷时段新能源又出力不足时，又将造成电力大幅短缺。

3.1.2 定价方法

发电价格高低直接关系到发电企业利润，影响发电企业存续生产能力及吸引新增建设投资的能力。在计划或高度管制模式下，发电价格一般实行综合成本定价，在历史成本（或平均成本）上叠加一定收益，价格水平通常由政府确定。在市场模式下，发电价格一般由边际成本决定，边际成本定价法又可以细分为长期边际成本定价和短期边际成本定价两种。

1. 长期边际成本定价

长期边际成本一般指满足不断增长的负荷需要而付出的真实发电成本。长期边际成本计算包括首先求出不同负荷水平下的最优投资方案及相应的总费用，然后用总费用增量与负荷增量的比值作为长期边际成本的近似。

发电容量长期边际成本计算过程如下：在某一系统中，假设最大负荷从

[1] World Bank (2020), Demystifying the Costs of Electricity Generation Technologies.

[2] IEA (2020), Projected Costs of Generating Electricity 2020 Edition.

D增长为$D+\Delta D$，若通过最优规划计算得到系统新增容量对应的成本费用为ΔC，那么发电容量的长期边际成本等于$\Delta C/\Delta D$。长期边际成本定价适用于负荷需求不断增加、正处于成长期的电力系统，其不足之处在于长期边际成本定价重点考察的是系统长期的变化趋势，短期内的运行管理较为不足。

2. 短期边际成本定价

短期边际成本定价是在不考虑系统新增长期固定投资的前提下，依据现有资源运行优化后所产生的边际成本进行定价，电力现货市场价格就是短期边际成本定价的代表。短期边际成本定价因其能充分反映实时供需关系、网络安全约束等优点，被广泛运用在电能量市场及辅助服务市场中。短期边际电价是电力生产微增所产生的成本微增，主要反映的是燃料费等可变成本的增加，能够很好地体现电能量的时空价值，起到即时优化资源配置的作用。但是短期边际电价没有考虑固定成本，无法保证电力投资在生命周期内的收支平衡。

3. 综合成本定价法

该方法一般基于会计法核算未来给定电价周期内供电所需的全部成本，包括成本、税金和利润，并在全部供电量中进行平摊。该方法简单直观，能充分保障投资主体收益水平，对推动新增电源投资具有积极意义，但由于缺乏市场竞争，难以发现真实系统成本，容易产生过度投资激励。

3.1.3 蛛网效应

在单一电能量市场中，以短期价格信号引导长期电源投资存在投资周期性波动风险，发电容量在“短缺”和“过剩”之间周期性跳变的现象可用“蛛网模型”解释（见图3-1）。市场环境下出现产量和价格波动的原因在于，生产者通常根据上一期的价格来决定下一期的产量，同时将上一期的价格作为下一期生产的预期价格，然而事实上，在每一期的生产销售过程中，生产者只能按照本期的市场价格来出售由预期价格（及上一期价格）所决定的产量，这种实际价格与预期价格的不匹配造成了产量和价格的波动。

对于电力行业，由于常规电源的建设周期一般为2～7年，建设周期较长，电源投资对市场价格的影响存在滞后效应，若仅以短期市场价格信号引导投资，那么自发形成的容量投资与需求将难以达到均衡。具体而言，当现有装机容量低于满足市场均衡要求（即供给不足）时，电能量价格将持续升高，引发发电容量建设热潮；当建设热潮中的机组陆续完成投产后，系统装机容量又会高于满足市场均衡要求（供给过剩），造成电能量价格大幅降低，进而抑制发电容量的投资，直至负荷需求增长导致系统再次出现容量短缺、价格飙升。以短期价格信号引导长期电源投资，将导致市场出现周期性短缺和过剩，降低市场投资效率，不利于电力市场平稳运行。

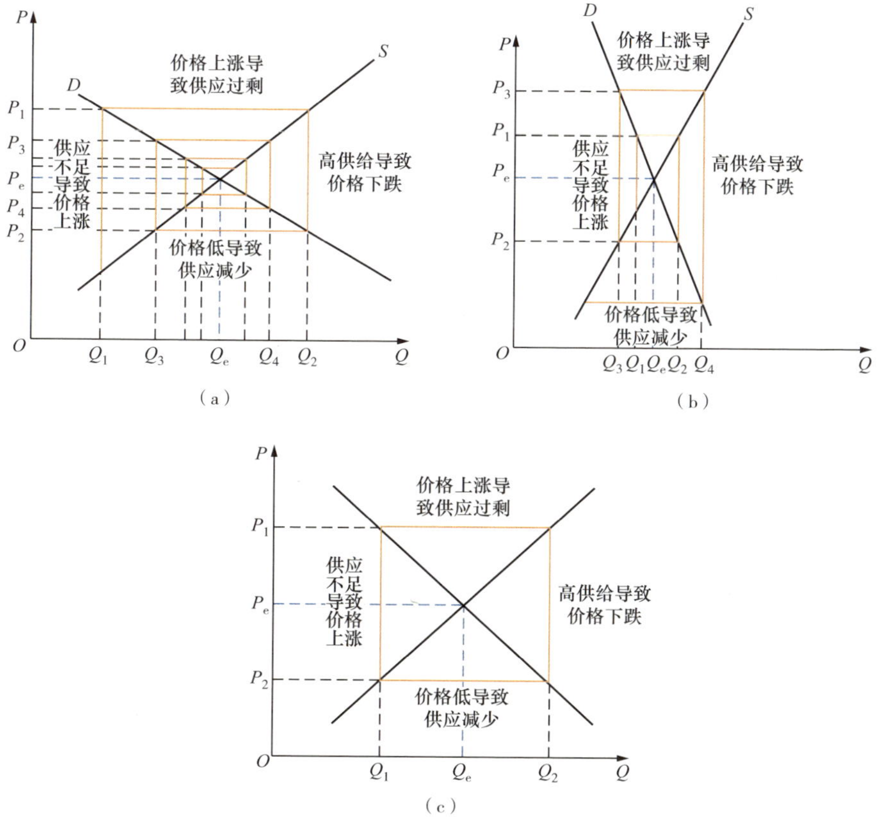

图3-1 “蛛网模型”示意图

（a）收敛型蛛网；（b）发散型蛛网；（c）封闭型蛛网

3.1.4 小结

根据成本与发电量的相关性，发电成本可分解为固定成本（主要为前期电源开发建设成本）和可变成本（主要为运行阶段产生的燃料费用等）。正常运行的电力市场，价格水平往往由系统短期边际成本决定，为避免供应短缺时价格飞涨，往往对电力市场价格上限进行限制，而较低市场限价难以覆盖电源的前期建设投资成本。即使放开对市场价格限制（或价格上限很高），由于电源建设周期过长，即便在市场发出供应短缺价格信号后随即进行新建决策，仍难以避免电力供应出现周期性短缺局面。

引入设计科学的电力容量充裕度保障机制，能从中长期提高电力供应保障水平，缓解周期性电力短缺现象，实现电源前期建设投资的固定成本回收，解决电能量市场的长期边际成本发现能力不足的问题。

3.2 典型机制概述

3.2.1 稀缺定价

稀缺电价机制指的是不单独设立固定投资回收机制，发电商通过单一电能量市场中的尖峰价格来回收投资成本。该机制下，系统发电资源紧张时，允许主体申报价格高于边际成本，从而使得发电企业能通过少量、高价的时间段获得足够收益来支撑长期运营。与此同时，在采用稀缺定价机制的电力市场体系下，市场价格往往呈现较强波动性，出于平抑市场力等考虑，各国监管机构普遍采取了以设置稀缺价格上限为主的管制手段，稀缺价格上限一般参考失负荷价值确定。目前澳大利亚和美国得州采用该模式。

3.2.2 直接补偿

直接补偿机制一般为由政府、监管部门或系统运行机构等直接对市场中的部分或全部容量资源以事先确定的补偿标准实施的发电容量补偿过程，通常要求受补偿的对象必须在负荷尖峰等时期提供容量，否则将面临经济处罚。该机制出发点在于防止现有发电商退出市场以及吸引新的投资，补偿对象通常涵盖一种或多种类型的发电资源（煤炭、天然气、抽水蓄能等）。补偿的价格由相关主管部门根据负荷预测、对用户停电损失的评估、满足要求的系统可靠性水平和发电机组的可用性等因素确定。应用直接补偿机制的代表国家为意大利、西班牙、波兰、葡萄牙、智利、阿根廷、爱尔兰等。

3.2.3 容量市场

容量市场指以市场竞争的方式形成容量价格实现发电容量成本回收，是电力市场体系的重要组成部分。不同于直接补偿机制等模式下通过政府行政定价等确定补偿的具体方式，容量市场机制是将机组装机容量等作为交易标的，通过市场竞争形成容量补偿价格，因而提前产生对未来容量需求的信号，确保电源建设所需要的时间，同时避免采用单一能量市场时所需的长期持续高电价所带来的问题，也可避免缺电风险。容量市场可以在一定程度上显示发电容量对用户的可靠性价值，为发电公司提供一些稳定的收入，从而在一定程度上降低其投资风险。因而从理论上讲，容量市场可以通过市场的“无形之手”自然获得经济最优的装机容量水平。按照采购形式，本书将容量市场划分为公开招标、容量义务分配两种模式。

1. 公开招标模式

系统运行机构确定未来若干年所需的总发电容量，并通过集中拍卖或PPA合约等方式完成容量采购，容量提供者中标并接收反映其建设新容量成本的容量费用。在以美国PJM、英国为代表的典型容量市场体系下，买方为系统运营商，卖方为容量资源提供商，系统运营商根据负荷预测、可靠性要求等形成容量需求曲线，卖方申报容量资源数量和价格，市场运营机构以最小化容量购买成本得到容量市场出清结果，容量购买费用最终由所有用户分摊。

战略备用机制可被认为是一种基于公开招标方式确定价格的发电容量交易机制。在该机制下，系统运营商通过与计划退役的老旧机组等主体签订合同，实现保障中长期容量供应充裕性的目标。在机制执行过程中，被纳入战略备用的容量资源会退出常规的电力市场交易，只在特定情况（例如市场价格达到一定水平）下才会被调用，系统运营商负责向发电资源支付容量费用，该费用一般通过输电费等渠道进行回收，应用该机制的国家包括瑞典、芬兰、挪威、比利时、德国等。

2. 容量义务分配模式

采用容量义务分配的容量市场中，系统运营商将容量补偿责任直接分摊至用户侧。大型消费者或购电商有义务根据自我评估的未来消费情况，与容量供应方签订一定数量的容量合约，并支付一定的保证金。容量供应方向购买方颁发对应证书完成交易。如果购电商或消费者没有签订所需足够的容量水平，则会受到经济处罚。美国加州等国家或地区采用此机制。

3.2.4 小结

稀缺定价机制、直接补偿机制、容量市场机制是当前三种典型的电力容量充裕度保障方法，上述方式体现了市场机制设计的不同思路，表3–2总结归纳了上述机制的特征、优势、不足、应用地区等。

表3-2　典型电力容量充裕度保障机制总结

机制	实施方式	不足	优势	适用范围	应用地区
稀缺定价	不单独设立固定投资回收等机制，在电能量市场中设置上限很高的稀缺价格，发电商通过在供应紧张时段的短时极高价格来回收投资成本	电力供应短缺时段市场价格可以飙升至平时的数百倍；可能导致市场力滥用与价格操纵，引发市场稳定风险等	机制设计相对简洁，市场体系较为简单，监管机构对市场施加的干预相对较小	负荷需求弹性强、用户侧电价承受能力高	澳大利亚、美国得州等
直接补偿	由政府或特定机构根据公允评估结果，直接明确容量补偿方式，据此向相关发电企业提供容量补偿费用以帮助其回收固定成本	基于行政定价等手段形成补偿标准，存在补偿标准合理性难以界定、可能出现激励不足或过激励等问题	操作简便，能较为便利地实现对机组固定成本进行补偿，保障其可持续运营能力	市场建设初期阶段、政府等能源主管部门监管能力强	智利、阿根廷、秘鲁、西班牙等
容量市场	将机组可用装机容量作为交易标的，通过市场竞争形成容量价格。市场运营机构以最小化容量购买成本得到容量市场出清结果，容量费用由用户分摊	需要另行引入容量市场，市场机制设计相对复杂，对市场运营机构相关能力要求相对较高	通过引入市场竞争，既有利于对电源投资形成稳定激励，保障容量供给充裕性，也有利于实现增量容量资源的优化配置，提高容量供给的经济性	市场体系相对完善、市场运转相对成熟	英国、美国PJM等

4 稀缺定价机制国际应用实例

稀缺定价机制是不单独设立固定成本回收机制、不另行引入其他市场体系或费用补偿渠道，直接通过在电能量市场中设置较高的价格上限，在系统发电容量供应不足的情况下允许电能量市场价格出现大幅抬升的制度安排。在稀缺定价机制下，发电企业等市场主体通过短时间内出现的尖峰电价来回收部分固定成本，市场电价通常呈现较强的波动性，尖峰价格频发。稀缺定价机制充分反映了短期内的系统供需关系，通常适用于经济发展水平相对发达、电价承受能力强的地区。目前澳大利亚、美国得州等国家或地区采用该模式。

4.1 美国得州

4.1.1 基本情况

美国得克萨斯州（简称“得州”）位于美国南部地区，面积69.6万km^2，2020年人口约2914.55万人，是全美第二大州，2020年得州GDP约1.76万亿美元，占全美经济总量的8.4%，在全美排名第二，得州是美国最大的能源生产州，其能源、石化工业规模在美国处于领先地位。

得州对天然气发电、风电依赖度相对较高，装机容量方面，截至2021年11月，得州总装机容量约为95.6GW，其中天然气发电、风电、煤电、核电和光伏发电装机占比分别为51.0%、24.8%、13.4%、4.9%和3.8%。发电量结构方面，得州发电量约为3915.8亿kWh，其中天然气发电量占比42%，风电、煤电、核电和其他类型发电量比重分别为24%、19%、10%和5%。得州输电网最高电压等级为345kV，高压线路长度超过46 500英里。得州电网基本为独立电网，仅通过两回共82万kW直流线路与美国东部电网相连，以及三回共43.6万kW直流线路与墨西哥电网相连。

4.1.2 市场及定价机制概述

得州电力可靠性委员会（Electric Reliability Council of Texas，ERCOT）成立于1996年，是美国得州区域内的独立系统运营商，负责管理得州2600万用户的电力供应，服务范围覆盖得州约75%的土地面积和90%的供电负荷。1999年，得州州长布什签署了得州电力改革7号法案，标志着得州电力行业的市场化正式启动，此次改革推动了得州发售一体的公用事业公司的拆分，同时引入零售侧竞争。作为强化零售竞争的一部分，得州于2000年取消了15%强制备用容量要求，并着手构建以单一电能量为核心的电力市场体系（Energy-Only Market）。在目前的得州电力市场体系中，暂未单独设置容量市场，发电商等主体的固定投资成本通过提供电能量或辅助服务回收，相应地得州电力可靠性委员会制定了稀缺定价机制，允许系统电力供应短缺的情况下市场价格出现大幅上升，以帮助发电商回收固定成本。

除电能量市场中的节点边际电价（Locational Marginal Price，LMP）外，实时备用价格增量（Real-Time Reserve Price Adders，RRPA）和可靠性价格增量（Reliability Deployment Price Adder，RDPA）也是得州实时市场稀缺定价机制的重要组成部分。一方面，ERCOT考虑到当系统电力供应紧张时，市场出清价格可能更多反映的是被调用机组的电能量价值，为了在市场价格中更充分地体现备用容量的稀缺价值，2014年6月，ERCOT在实时市场中引入了实时备用价格增量；另一方面，在得州市场出清过程中，为了保障系统安全可靠运行，ERCOT会通过可靠性机组组合、指令开机等方式进行可靠性调度，当可靠性机组或是备用电源处于最小出力状态运行时，将会一定程度挤占其他电源的发电空间，导致电力市场出清价格反而降低。为解决此问题，2015年6月，ERCOT引入了可靠性价格增量。

综上所述，美国得州实时市场结算价格由节点边际电价和价格增量两部分共同组成。其中，节点边际电价由实时市场出清得到，用于反映实时的电能量价值；价格增量为事后出清计算，进一步细分为实时备用价格增量和可靠性价格增量，前者体现实时备用价值，后者用于修正可靠性调度对市场价格信号带来的影响。需要说明的是，虽然得州每个系统节点的节点边际价格不同，但两个价格增量在全系统范围内的值是相同的。2019—2021年ERCOT价格构成情况如图4-1所示。

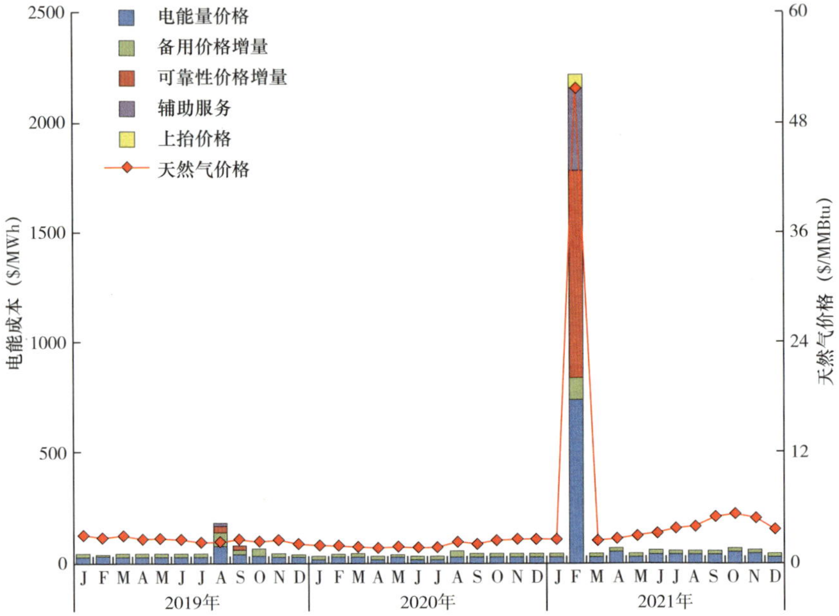

图4-1 2019—2021年ERCOT价格构成[1]

4.1.3 节点边际电价

节点边际电价指的是在系统节点上增加一单位负荷所需要增加的发电成本。ERCOT实时市场节点边际电价通过安全约束下的经济调度（Security-Constrained Economic Dispatch，SCED）计算出清得到，每5分钟出清一次，每15分钟进行一次结算。

在ERCOT安全约束经济调度中，增加或减少单位调度发电成本通常被限制在一定的价格范围内，该约束也被称为电力平衡约束惩罚（Power Balance Penalty）。当SCED无法找到成本低于电力平衡约束惩罚的可调度发电资源时，

[1] 数据来源：https://www.potomaceconomics.com/wp-content/uploads/2022/05/2021-State-of-the-Market-Report.pdf

就会出现“电力平衡不匹配现象”。具体包括如下两种情况，一是所调度所有发电资源的最高出力无法满足系统负荷，这种情况被称为发电量不足；二是所调度机组的最低出力仍高于系统负荷，这种情况被称为电量超发。当系统重新调度发电资源的成本要高于电力平衡约束惩罚时，SCED不再调用新的高价机组，而是调用调频等辅助服务资源以平衡供需，此时系统电价由电力平衡约束惩罚曲线确定，SCED的目标函数转变为最小化电力平衡约束惩罚成本。SCED超发电量的电力平衡约束惩罚如表4-1所示。

表4-1　　SCED超发电量的电力平衡约束惩罚

超发电力（MW）	$k<100000$
价格（$/MWh）	–250

在发电量不足的情况下，ERCOT的电力平衡约束惩罚曲线为一系列分段递增的函数。电力平衡约束惩罚曲线的最高价格与当时的电力系统价格上限（System–Wide Offer Cap，SWCAP）相关，根据市场情况的不同，SWCAP的取值可能为最高价格上限（High System–Wide Offer Cap，HCAP）或调整价格上限（Low System–Wide Offer Cap，LCAP）。其中LCAP与天然气价格联动。此处以价格上限为5000$/MWh为例，得州电力市场平衡约束惩罚曲线如图4-2所示。

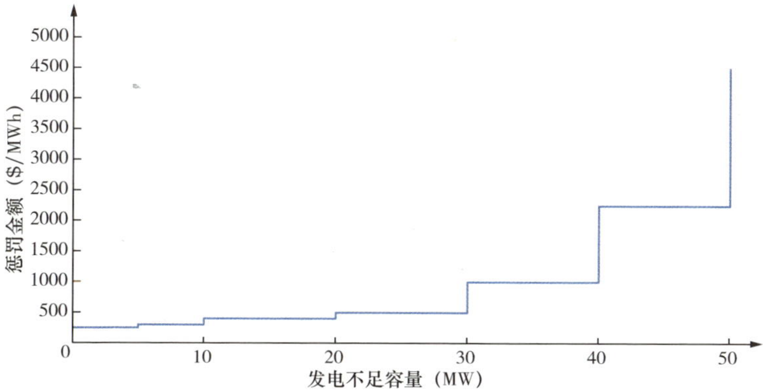

图4-2　SCED发电不足电力平衡约束惩罚曲线

4.1.4 备用价格增量

实时备用价格增量根据运行备用需求曲线（Operating Reserve Demand Curve，ORDC），在SCED运行结束后按照对应的系统备用计算得到。运行备用需求与失负荷价值、失负荷概率等参数相关，如下式所示：

$$O_{\text{ORDC}}(R)=V_{\text{VOLL}}\times\pi(R) \tag{4-1}$$

式中：$O_{\text{ORDC}}(R)$为运行备用需求函数；V_{VOLL}为失负荷价值；$\pi(R)$为失负荷概率函数；R为市场中可以备用的容量。

失负荷概率函数$\pi(R)$为分段函数，当备用容量R小于系统的最小备用要求X（Minimum Contingency Level，MCL）时，该函数取值为1；当备用容量大于系统的最小备用时该函数时为递减曲线，并根据失负荷概率的正态分布曲线累积分布函数计算获得。失负荷概率函数$\pi(R)$的公式如下：

$$\pi(R)=\begin{cases}L_{\text{LOLP}}(R-X), & R-X>0\\ 1, & R-X\leqslant 0\end{cases} \tag{4-2}$$

$$L_{\text{LOLP}}(\mu,\sigma,R)=1-C_{\text{CDF}}(\mu,\sigma,R) \tag{4-3}$$

式中：$L_{\text{LOLP}}(x)$是失负荷概率的正态分布曲线累积分布函数；X表示系统的最小备用要求；$C_{\text{CDF}}(\mu,\sigma,R)$为给定备用$R$下，对应分布均值为$\mu$、标准差为$\sigma$的正态分布函数的累积分布函数。运行备用需求函数曲线如图4-3所示。

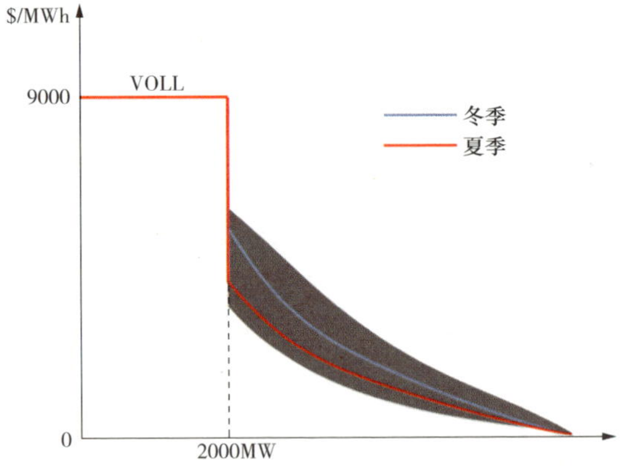

图4-3 运行备用需求函数曲线

备用价格增量由如下公式计算得到：

$$R_{\mathrm{RTRPA}}=(V_{\mathrm{VOLL}}-\lambda_{\mathrm{R}})\times\pi(R) \tag{4-4}$$

式中：R_{RTRPA}为实时备用价格增量；λ_{R}为电能量市场边际出清价格。

当电能量市场边际出清价格相同时，备用水平越低，则失负荷概率越大，备用价格增量越高；当备用水平低于系统的最小备用要求时，失负荷概率为1，此时备用价格增量与电能量市场边际出清价格之和即为失负荷价值；当备用水平相同时，电能量市场边际出清价格越低，备用价格增量越高。在ERCOT市场结算过程中，未提供电能量的备用容量同样可以得到备用价格增量的补偿。

4.1.5 可靠性价格增量

ERCOT引入可靠性机组组合（Reliability Unit Commitment，RUC）机制用于保障系统安全稳定运行。可靠性机组组合计算过程以最小化系统运行成本为目标，在满足系统各种安全约束的前提下优化各机组申报的启动报价和最小出力报价，得到机组启停组合。可靠性机组组合的结果为物理性，在实时交付时段必须物理执行。结算时，ERCOT会通过RUC 开机补偿付款（RUC Make-Whole Payment）对受指令开机机组的启动成本和最小出力成本之和与市场结算收益之间的差值进行补偿。

实施可靠性机组组合的调度过程将在一定程度上影响市场出清价格。例如，当机组由于可靠性要求被安排开机且同步处于最小出力状态运行，此时市场中其他机组的出力将会相应被减少，难免导致市场出清价格变化，一定程度上扭曲了市场真实价格信号。综上所述，ERCOT选择通过可靠性价格增量修正这一影响。

可靠性价格增量由如下公式计算得到：

$$R_{\mathrm{RDPA}}=\lambda_{\mathrm{R}}-\lambda_{\mathrm{D}} \tag{4-5}$$

式中：R_{RDPA}为可靠性价格增量；λ_{R}为可靠性机组组合或者备用投入机组的最小出力为零时的系统能量价格；λ_{D}为可靠性调度后实际的系统能量价格。

4.1.6 价格上限

美国得州电力市场价格上限水平将会随着峰荷机组的年累计净利润进行

调整。峰荷机组年累计净利润的计算公式如下：

$$P_{PNM}=\max\left\{\int_t\left(R_{RTEP}-P_{POC}\right),0\right\} \quad (4\text{-}6)$$

$$P_{POC}=10F_{FIP} \quad (4\text{-}7)$$

式中：P_{PNM}为峰荷机组在该运行年的累计净利润，表示峰荷机组能够从实时市场中获得的利润总额；R_{RTEP}为实时电能量价格；P_{POC}为最高运行成本；F_{FIP}为前一日的燃料价格指数。

在美国得州电力市场中，每15分钟对峰荷机组的年累计净利润进行评估，若高于政府核定的净利润极限值，则市场价格上限会被下调，并在年内其余时间采用调整后的价格上限。净利润极限值通常设置为新进机组单位容量投资成本的3倍，价格上限调整公式如下：

$$S_{SWCAP}=\max\left\{2000,50F_{FIP}\right\} \quad (4\text{-}8)$$

式中：S_{SWCAP}为系统价格上限，ERCOT会在信息系统上公布每日的P_{PNM}和S_{SWCAP}。得州在计算SCED备用价格增量和可靠性价格增量时，会保证系统价格、备用价格增量以及可靠性价格增量之和不高于系统报价上限。

2021年得州停电事件前，出于防范市场力等考虑，ERCOT设定了稀缺价格上限，该价格上限一般参考失负荷价值确定，初期为$1000/MWh，后续得州电力市场价格上限水平逐步上涨至$9000/MWh，调整价格上限为$2000/MWh。得州停电事件发生后，得州电力市场委员会进行了一系列改革，将价格上限水平HCAP和失负荷价格VOLL调整为$5000/MWh。系统最小备用要求调整为3000MW，该修正条款于2022年1月生效。

4.1.7 电力危机事件启示

2021年2月，北极超强冷空气席卷全美，得州地区面临极端严寒天气，电力需求激增，加之暴雪和冰冻影响，天然气传输管道、气井冻结，气电等传统能源发电出力锐减，风电机组也因凝冻出力受限，导致得州发生大面积停电。数据信息表明，实施轮流停电的首日，电价并未出现显著飙升，但理论上在稀缺定价机制下，若需求上涨、备用容量下降，那么电价应会自动上升；轮停事件发生后期，在得州公共事业委员会（PUCT）的人为干预下，ERCOT将电价上调至$9000/MWh，但在温度逐渐回升、供需紧张形势有所缓解、发电量逐步恢复的情况下，得州电价却仍然持续多日维持在$9000/MWh的上限水平。引发得州电力危机主因是极端气候，但危机事件也反映出得州稀缺定价机制的局限性。

（1）稀缺定价机制只有在用户具有足够需求弹性且能够敏锐感知价格的情况下才能够更加充分地发挥效用。在理想的电力市场状态下，只有需求侧对价格能够及时响应，用户侧对电价足够敏感并且可以按照电价调整用电行为，才能够避免单纯因稀缺价格机制引起的用户用能成本一味飙升，确保稀缺定价机制能够发挥预期作用。

（2）在供需紧张条件下，超出用户需求弹性的稀缺电能量价格往往仅具有投机意义。稀缺价格机制相当于放开了发电企业在电力系统供应短缺时的市场投机行为，供需紧张时基于发电侧大范围市场主体投机报价所形成的市场价格已不再具备体现电能量商品价值的属性，这种情况下，长时间虚高的电能价格更多是一种投机价格。

此外，稀缺定价机制将在一定程度上影响价格稳定性和市场秩序，甚至可能提升用户用能成本。稀缺电价的产生虽然能够客观反映所在地区发电容量充裕程度的不足，但始终难以通过监管消除市场力带来的价格虚高问题，这将在一定程度上影响市场秩序、提高用户用能成本，也将对电力市场价格稳定性造成冲击。

4.2 澳大利亚

4.2.1 基本情况

澳大利亚位于南太平洋和印度洋之间，领土面积769.2万km^2，2020年人口约2569万人，GDP约1.95万亿美元。澳大利亚矿产资源丰富，拥有丰富的天然气、铁矿石、煤炭等资源，是全球最大的天然气和煤炭出口国之一。

截至2021年，澳大利亚电力装机容量约为78GW，其中煤电装机容量占比31.6%、天然气装机容量占比19.0%、太阳能装机容量占比24.5%、风电装机容量占比11.5%、水电装机容量占比9.9%；2021年澳大利亚全年发电量约为2446亿kWh，其中燃煤发电占比51%、天然气发电占比17.9%、太阳能发电占比10.9%、风电发电占比10.0%、水电发电占比6.8%。

由于澳大利亚人口主要分布东南沿海地区，发电机组和用电中心地理位置相对分散，澳大利亚电力系统主要分为东部，西部和北部三个区域，三个区域的电网之间暂无输电线路连接。其中，东部地区由昆士兰、新南威尔士、维多利亚、塔斯马尼亚以及南澳大利亚州电网通过500kV联络线相连；西部地区依托于西澳大利亚州的西南电力系统独立运行，另外西澳大利亚州北部以及北部偏远地区由各种小型系统供电。

4.2.2 市场及定价机制概述

澳大利亚市场始建于20世纪90年代中期，目前澳大利亚存在两个相互独立的电力市场：位于东部的国家电力市场（National Energy Market，NEM）和位于西部的批发电力市场（Wholesale Electricity Market，WEM）。国家电力市场覆盖范围包括澳大利亚东南部地区，批发电力市场的主要范围为西澳利大亚州地区。

其中，澳大利亚国家电力市场（NEM）于1998年12月起开始运行，经过二十余年运行与持续完善，市场运行相对成熟，是澳大利亚最主要的市场，覆盖澳大利亚全国用电量的85%左右，各州之间通过220kV及以上线路互联。在市场体系方面，澳大利亚国家电力市场包括实时市场、辅助服务和金融市场，由澳大利亚能源市场运营商（Australia Energy Market Operator，AEMO）负责运营组织，采用集中竞价、全电量统一出清的市场模式，实行区域电价机制，按行政州划分为五个价区，采用单一电能量市场模式，暂未设立容量市场。

与得州的稀缺定价机制不同的是，澳大利亚电力市场的市场结算价格完全由机组报价形成，不对启停、空载和可变成本等进行区分，也不另行设置价格增量。机组直接通过电能量市场形成的节点边际价格回收固定成本和可变成本。

4.2.3 价格形成机制

澳大利亚发电侧现货市场为全电量集中出清的市场（Gross Pool Market），负荷以报量不报价的方式参与，市场出清和结算周期均为5分钟。澳大利亚电力市场通过滚动更新的预出清机制持续优化调度安排并及时公布市场结果。在市场出清过程中，市场运营机构每5分钟更新一次未来1小时内每5分钟的市场预出清价格及发电调度安排，随后在整点或半点（例如10:00、11:30等）进行未来1小时往后每30分钟节点上市场预出清，更新每30分钟时间节点上的发电调度安排；在每日中午12:30前，整点或半点进行的市场出清过程以交易日结束时间（次日凌晨4:00）为截止点，超过中午12:30后，出清范围拓展至下一个交易日结束时间点及后日的凌晨4:00。

澳大利亚国家电力市场（NEM）中，火电厂按照机组进行报价，水电一般以水电站为单位进行报价。发电商以每30分钟为一个时段，对一天24小时的48个时段进行报价，每个报价单位允许报10个递增排序的电力价格，同时还需申报非负发电出力以及与发电生产相关的参数。为了反映市场对于供需关系变化的调整，澳大利亚国家电力市场允许发电企业在实时发电调度前的任何时间对提交的报价方案和机组参数进行修改。

完成报价后，澳大利亚能源市场运营商根据机组报价价格高低进行排序，根据电网运行状态和负荷预测情况确定机组的出清顺序，在每个时段里，满足系统负荷所需调用的最后一台机组的申报价格确定为市场边际出清价格。澳大利亚的预出清电价并不用于交易结算，而是用于鼓励市场主体对于市场的价格信号做出积极反应，以尽可能地避免采用强制性的干预措施。

澳大利亚电力市场允许市场主体在电力稀缺时段申报高于可变成本的价格，以回收机组的固定成本。

4.2.4 价格上限

长期以来，澳大利亚电能量市场的价格下限（Market Floor Price，MFP）设置为-1000澳元/MWh，市场价格上限（Market Price Cap，MPC）设置为15100澳元/MWh（2021—2022财政年）。此外，根据澳大利亚国家电力法以及国家电力市场运营规则，若任一州电力批发市场近7天内现货市场价格或是调频辅助服务价格之和达到累计价格阈值（Cumulative Price Threshold，CPT），或达到最高限价的累计时长达到7.5小时，则市场结算价格将自动降到规定的管制价格上限（Administered Price Cap，APC），后续不满足条件时，价格限制自动取消。目前，累计价格阈值CPT为1359100澳元（2021—2022财政年），约为价格上限的90倍，管制价格上限为300澳元/MWh。

每年2月28日前，澳大利亚能源市场委员会（AEMC）将会根据消费者价格指数（CPI）调整市场价格上限MPC和累计价格阈值CPT，调整方式如下：

$$MPC^X = BV^{MPC} \times \frac{\left(Q_1^c + Q_2^c + Q_3^c + Q_4^c\right)}{\left(Q_1^b + Q_2^b + Q_3^b + Q_4^b\right)} \qquad (4\text{–}9)$$

$$CPT^X = BV^{CPT} \times \frac{\left(Q_1^c + Q_2^c + Q_3^c + Q_4^c\right)}{\left(Q_1^b + Q_2^b + Q_3^b + Q_4^b\right)} \qquad (4\text{–}10)$$

式中：BV^{MPC}为12500澳元/MWh[1]，该值按照澳大利亚国家电力市场0.002%的可靠性标准计算确定；BV^{CPT}为1125000澳元[2]；X为计算价格上限的财政年度；Q_1^c、Q_2^c、Q_3^c、Q_4^c为c年度内每个季度的可靠性设置指数值（Reliability Settings Index），其中c一般为从X年往前倒推18个月开始的日历年；Q_1^b、Q_2^b、Q_3^b、Q_4^b为b年度内每个季度的可靠性设置指数值，目前澳大利亚市场中将b选定为2010年；可靠性设置指数一般参考澳大利亚统计局发布的相关季度澳大利亚消费者物价指数计算确定。

4.2.5 现货市场停摆事件启示

2022年5月以来，受冬季寒冷天气叠加煤电机组检修、新能源出力不足等因素影响，澳大利亚电力供应十分紧张，电价持续高涨。6月13日，澳大利亚能源市场运营商按照国家电力市场规则，对昆士兰州、新南威尔士州、

[1] 依据2012年7月1日前的市场价格上限参考确定。

[2] 由于2012年前的市场交易周期为30分钟，目前澳大利亚市场交易周期为5分钟，因此BV^{CPT}的取值为2012年7月1日之前累计价格阈值的6倍。

维多利亚州和南澳大利亚州四个州的电力批发市场实施了300澳元/MWh的管制价格上限。触发管制价格上限后，电力现货市场价格低于部分机组燃料成本，导致高价机组不愿意报价或申请检修及停运，部分时段发电容量不足、无法出清形成出清价格。6月15日，随着市场供需紧张形势的进一步加剧，澳大利亚能源市场运营商判断当前已经无法在运行电力现货市场的同时保障电力供应，按照市场规则，宣布从当日14:05起暂停国家电力市场所有地区的现货市场价格结算，采取按规定价格（过去28天同时段平均价格）结算的措施，并对在暂停现货电价期间参与市场的发电厂进行补偿。

本次电力现货市场“停摆”事件是一次能源价格上涨、寒冷天气导致用电需求上升、大量机组停运等多重直接因素引发的，但从更深层次分析看，本次事件也暴露出澳大利亚电力市场机制设计短板：①澳大利亚市场暂未设置容量市场或直接补偿机制，仅有电能量市场、辅助服务市场、金融市场，电力企业的收入仍存在一定不确定性，在缺乏长期收入保障的情况下，即使电力价格长期保持良好上升态势，仍然难以吸引足够的电力投资，发电投资激励不足是本次事件中导致电力供需紧张的因素之一；②在此次澳大利亚国家电力现货市场“停摆”事件中，所设置的300澳元/MWh上限管制价格低于发电侧供给成本，从而造成大量发电机组选择停机而不参与现货交易，是导致市场失效最终停摆的重要原因。

4.3 小结

稀缺定价机制通过在更大范围内放开价格管制，以超高水平的稀缺电价来引导供应侧发电投资、需求侧资源利用，对供需紧张态势具有一定作用，尤其在需求侧资源利用方面具备较好的应用效果，但也暴露出一些问题：

（1）稀缺定价机制需要用户具有较强的价格承受能力和容忍度，以及配套完善的机制设计，包括完善的信息披露机制、风险规避机制，以确保市场主体及时根据公开信息调整报价行为，降低市场价格波动带来的收益风险，需要用户能对公开市场信息及时有效进行响应，对于市场主体参与市场的水平和能力要求相对较高；

（2）只有在用户具有足够需求弹性且能够敏锐感知价格的情况下，稀缺定价机制才能更加充分地发挥效用，在供需紧张条件下，超出用户需求弹性的稀缺电能量价格通常仅具有投机意义，而不再具有能反映电能商品属性价值或用户停电损失价值等价格信号的意义。

（3）由于稀缺定价机制只有供需短缺时才能给出市场价格信号，由于新建电源等供给能力形成需要一定周期，这也就意味着该机制并不能解决电力周期性短缺问题，尤其难以适应负荷增长快、供应安全要求高的地区制度设计需要，存在一定的适应性难题。

5 容量直接补偿机制国际应用实例

容量直接补偿机制通常是由政府或特定机构根据公允评估结果，直接制定容量补偿价格，据此向相关发电企业提供容量补偿费用以帮助其回收固定成本，补偿费用往往由电力用户分摊。目前该机制被智利、阿根廷、秘鲁、西班牙等国家所采用。容量直接补偿机制实施过程一般包括三个环节：一是确定容量电价，例如每年度或每若干年对容量电价进行测算，综合考虑机组固定投资成本、投资回收周期、贴现率、通胀指数等因素来确定价格水平；二是确定可补偿容量，根据机组出力特性、来水情况、调节能力、非计划停运、检修停机等因素，确定机组可补偿容量，机组根据其可补偿容量及可用性获得容量补偿；三是进行补偿费用结算，由交易中心等机构提供容量补偿清算依据，与发电企业等主体进行容量补偿结算。

5.1 智利基本情况

智利能源资源呈现“三多一少”特征，即多水、多风、多光，少化石能源。智利南部地区水资源丰富，可开发潜能高达1000万kW；受地理位置影响，智利年均风速高达12m/s，是世界上风力资源最为丰富的地区之一；智利也是世界上太阳能潜力最大的国家之一，北部地区太阳辐射达到每天7.5kWh/m^2，部分地区甚至超过每天9kWh/m^2；智利化石燃料资源相对贫乏，煤炭、天然气、石油进口依赖度较高。

智利发电结构以火电为主，装机地理分布极不均衡。截至2020年底，智利全国装机容量约为26.787GW，其中26.599GW接入国家电力系统（SEN），0.08GW接入艾森系统（SEA），0.108GW接入麦哲伦系统（SEM）。发电装机结构上，以国家电力系统（SEN）为例，其中火电装机容量为13.0GW（煤电约5.32GW），占比为48.9%；水电6.9GW，占比为25.9%；风电2.5GW，占比为9.6%；太阳能3.6GW，占比为13.7%；生物质能0.45GW，占比为1.7%；地热53MW，占比为0.2%。

5.2 智利容量直接补偿机制概述

智利电力市场化改革始于20世纪70年代。1978年，智利国家能源委员会成立，1982年智利通过《电力法》，将电力部门拆分为发电、输电和配电三部分，并推动电力产业私有化，建立起电力批发市场，为智利电力市场建设奠定了基础。

在智利电力现货市场中，发电企业只需申报可用容量及运行成本（如燃煤、燃气机组需提交燃料供应合同），由智利经济负荷调度中心（Economic Load Dispatch Center，CDEC）根据每个机组的技术特性和燃料成本审核确定机组的可变成本，现货市场每小时以发电成本最小为目标，基于某时点的系统负荷和机组发电边际成本进行安全经济调度。

考虑基于边际成本定价的市场出清规则可能导致变动成本较高的机组难以回收其固定成本，智利引入容量直接补偿机制，作为电力现货市场的补充，为发电机组提供容量补偿，以保障容量充裕性，补偿价格由政府监管机构根据相应的规则确定。

5.3 智利容量直接补偿实施流程

智利电力市场的容量直接补偿机制实施分为三步：制定容量补偿价格、确定机组可补偿容量以及进行容量补偿费用结算。

5.3.1 制定容量补偿价格

智利国家能源委员会下属的独立顾问委员会每4年对容量补偿价格计算公式和计算常数进行一次测算。基于系统高峰负荷期间运行的边际发电机组投资成本，考虑投资回收周期、系统备用率、货币贴现率、通货膨胀指数、汇率等因素，确定容量补偿价格。

一般来说，用于参考定价的边际发电机组为柴油机组，其投资成本为发电机组建设成本I_{turbine}和接入电网成本I_{line}之和。此时，容量补偿价格P_{cap}的计算公式如下：

$$P_{\text{cap}} = (1+\rho)\frac{\left(I_{\text{turbine}} + I_{\text{line}}\right)}{R} \tag{5-1}$$

$$R = \left[\int_0^T e^{-\alpha t}\,\mathrm{d}t\right]^{-1} \tag{5-2}$$

式中：ρ为系统备用率；α为折现率，一般取10%；T为投资回收年限，一般为18年。

计算得到的容量补偿价格以美元为单位，再根据汇率换算成名义智利比索，并与通货膨胀指数挂钩，智利国家能源委员会每半年根据汇率、物价变化对容量补偿价格进行一次调整。

5.3.2 确定机组可补偿容量

根据机组的可补偿容量而非装机容量进行补偿，容量补偿费用根据系统在负荷高峰时的平均负荷需求计算得到。定义系统峰值负荷$\bar{D}$为5～9月冬季期间系统52个最高负荷时刻的平均负荷需求，计算得出需要付出的系统容量费用为：

$$\Pi = p_{\text{cap}}\bar{D} \tag{5-3}$$

显然系统峰值负荷$\bar{D}$小于系统机组额定装机容量之和，因此需要通过两个步骤将$\bar{D}$分解到各机组，分解方法如下：首先确定机组的初始可靠容量（Preliminary Firm Capacity），该值由发电机组接入系统后的平均可用容量决定，用以体现了系统负荷高峰时机组能够以不低于99%概率提供的电力，例如水电机组的初始可靠容量可根据枯水年来水情况计算得到；通常基于该方式计算得出的所有机组初始可靠容量K_{prel}往往高于系统峰值负荷$\bar{D}$，因此引入调整系数β，并基于调整系数计算得出机组i的可补偿容量$k_{\text{firm}}^{\text{i}}$：

$$\beta=\frac{\overline{D}}{K_{\text{prel}}}=\frac{\overline{D}}{\sum_{\text{i}} k_{\text{prel}}^{\text{i}}} \tag{5-4}$$

$$k_{\text{firm}}^{\text{i}}=\beta k_{\text{prel}}^{\text{i}} \tag{5-5}$$

5.3.3 进行容量补偿费用结算

由智利国家电力调度机构提供容量补偿的结算依据，对发电企业进行容量补偿结算，发电企业依照可补偿容量获得按月支付的容量补偿。

5.4 小结

容量直接补偿机制通过明确容量补偿标准、确定发电资源可补偿容量规模等方式实现对容量成本的合理补偿，能够起到有序引导发电容量投资、优化资源配置等效果，对市场发展初期阶段的国家和地区具有较好的适用性和操作性，但在合理确定补偿标准等方面存在一定局限性。

（1）容量直接补偿机制简单易行，能够提供稳定的投资信号，适用于电力市场起步阶段。容量直接补偿机制为市场提供了稳定的价格信号，有利于鼓励机组投资，保障容量充裕性；同时容量直接补偿机制操作较为简便，对于市场机制完善程度和市场主体的要求相对较低，可作为市场起步阶段的过渡措施。

（2）容量直接补偿机制通常基于行政定价形成补偿标准，补偿标准的确定具有一定难度。一方面，直接补偿机制涉及对于机组容量成本的评估测算，需要基于大量成本数据和严格的计算流程，较为复杂，可能造成过补偿或欠补偿问题；另一方面，容量直接补偿机制缺乏明确的可靠性目标，最终达到的容量充裕性效果难以直接进行量化，这也给补偿标准的制定带来了一定难度。

6 容量市场机制国际应用实例

不同于直接补偿机制通常由行政定价确定补偿额度，容量市场机制是将电力容量等作为交易标的，通过市场竞争形成容量价格。容量市场中买方为系统运营商，卖方为容量资源提供商，系统运营商根据负荷预测、可靠性要求等形成容量需求曲线，卖方申报容量资源数量和价格，市场运营机构以最小化容量购买成本得到容量市场出清结果，容量购买费用最终由所有用户分摊。目前应用容量市场机制的地区包括美国PJM、纽约、英国、法国等。此外，德国采用的战略备用机制也可认为是一种特殊的容量市场机制。

6.1 英国

6.1.1 基本情况

英国位于欧洲大陆西北面，由大不列颠岛、爱尔兰岛东北部分及一系列较小岛屿组成，总面积达24.4万 km^2，2021年英国总人口约6636万人，GDP总量为3.751万亿美元，是世界第六大经济体。

英国发电资源丰富，主要有煤、天然气、核能、水力和风能等。截至2021年，英国电力装机容量达98.25GW，其中天然气发电占比33.9%、风电占比27.6%、太阳能占比13.9%、核电占比8.4%、生物质发电占比6.7%、煤电占比4.1%。截至2021年，英国全年发电量3072亿kWh，其中天然气发电占比40.2%、风电占比21.2%、核电占比15.3%、生物质发电占比12.7%、太阳能发电占比4.1%。英国电网最高电压等级为400kV，长度约为11.5万km，同时英国与法国、爱尔兰、挪威、荷兰等周边国家建立了7条共744万kW的跨国电力互联。英国陆上输电网由英国国家电网（National Grid）、苏格兰电力

（Scottish Power）、苏格兰及南部能源（Scottish and Southern Energy）3家输电公司运营维护，海上输电网由独立的输电公司负责运营，英国国家电网系统运营商（National Grid ESO）作为独立机构负责全国电网调度运行。

6.1.2 市场及定价机制

英国是全球范围最早启动电力市场化改革的国家之一。在容量市场建设方面，早于1990—2000年期间，在英国电力库（Pool）模式的市场机制设计中，就已初步形成了行政性容量补偿机制框架体系，且在该模式下，发电机组能够获得总量为LOLP·（VOLL–SMP）的容量补偿费用，其中LOLP为电力不足概率（Loss of Load Probability），VOLL为负荷损失价值（Value of Loss of Load），SMP是系统边际价格（System Marginal Price）。

2009年，英国能源和气候变化部（Department of Energy & Climate Change，DECC）宣布启动英国新一阶段电力市场化改革（Electricity Market Reform，EMR），同时明确提出引入容量市场机制；2013年，《英国电力市场改革执行方案》正式发布，英国容量市场的设计详细方案得以公开；2014年，英国正式启动首次容量市场拍卖，致力于在保障存量机组稳定收益的同时提供长期的投资激励信号。

推动英国引入容量市场机制的原因包括：①英国能源结构持续变化，随着老旧的燃煤发电站和核电站的陆续关闭，全国范围的整体发电供应能力持续下降；②伴随着电力需求的大幅增长，英国迫切需要建设容量市场以保障电力供应；③英国风电、光伏等新能源发电装机容量持续增加，新能源发电的间歇性、波动性等对保障系统安全稳定运行、提升系统备用容量规模提出了更高要求，且随着新能源大规模接入系统，其近零变动成本或将导致燃煤等传统发电机组的出力时间趋于减少，造成机组收益降低、大量传统发电机组过早退役，系统可用容量下降，进一步催生了对新的发电容量的投建需求。

6.1.2.1 市场结构

英国容量市场的范围包括英格兰、威尔士和苏格兰，不包括北爱尔兰。发电商可以同时参与电能量市场和容量市场，提供的发电量和容量都可获得收益。在这个容量市场中，除电源侧外，需求侧资源也参与其中。在政府授权下，英国国家电网公司作为容量市场的主要运营机构，负责对未来的发电装机容量需求做出综合评估，并组织容量市场交易。英国容量市场以拍卖形式进行，标的物为容量交付年发电装机容量。从市场体系上看，英国容量市场包含早于交付年4年的主拍卖市场（又称一级市场、“*T*–4”市场）和早于交付年1年的二级市场（又称“*T*–1”市场）两类市场体系，二者所呈现特征不同。

主拍卖市场（一级市场）采用荷兰式拍卖（又称降价拍卖），在拍卖过程中，拍卖人先将初始拍卖价格设置在市场最高价格上限，随后实施每轮价格递减叫拍。随着价格的降低，部分竞标者会退出竞标，最终留下的且满足系统容量总需求的容量提供者成为价格设定者，每位竞标成功的容量提供者均按此价格进行结算。另容量供应商可以在早于交付年1年的拍卖中，对容量开展二次交易，此外符合资格的、暂未参与一级市场拍卖的容量供应商也可以参与到二级市场交易中。对容量供应商而言，二级市场是有效规避容量市场考核风险的重要工具，此外通过二级市场的容量拍卖，可以一定程度上避免因新投建电厂延期、发电机组检修等造成的容量不足情形。

在市场运作时序方面，一级市场（“*T*–4”市场）和二级市场（“*T*–1”市场）的拍卖时间窗口分别设置为从交付标的年倒推4年、倒推1年前的10月份。在拍卖时间窗口开放前22周至前16周，系统运营商开展容量市场准入资格预审工作；窗口开放前10周，公布容量市场资格预审结果；在窗口开放前3周起，更新与容量拍卖相关的市场参数、向通过资格预审的容量市场单元（Capacity Market Unit，CMU）发出通知、确认与“*T*–1”拍卖相关的前序“*T*–4”拍卖成交的容量合同信息等；在窗口开放前10日，参与容量市场的需求侧响应资源CMU提交其参与拍卖的容量。

6.1.2.2　运作流程

英国容量市场主要涵盖容量定额、资格确认及拍卖、市场交易、容量交付、容量支付与结算五个环节，如图6–1所示。

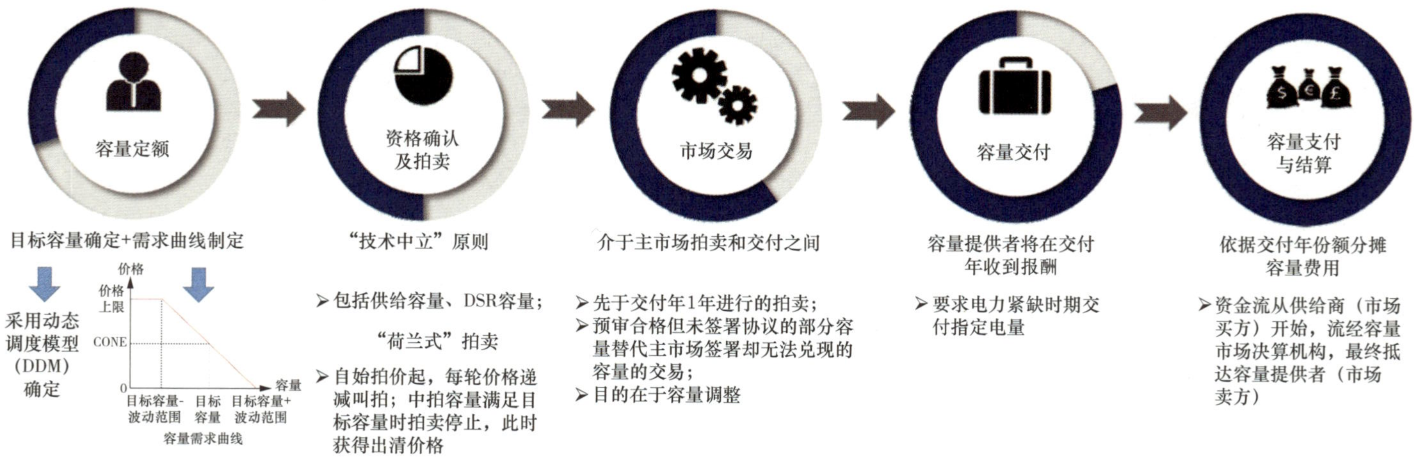

图6-1　英国容量市场体系框架

在容量定额环节，由英国市场运营商（National Grid Electricity System Operator，NGESO）负责对维持系统长期可靠性标准所需容量开展评估，结合容量评估结果、系统尖峰负荷的预测值，确定容量市场的需求规模。

在资格确认和拍卖环节，NGESO根据市场准入条件启动资格审查，确定允许参与容量市场的容量供应商，获得准入的容量供应商可以参与由NGESO组织的于交付年提前4年的主拍卖市场（一级市场）。容量拍卖的中标主体将签订“容量合约”，该合约为容量供应商提供了相对稳定的收益，相应地，容量供应商需承担在交付年内按要求提供电能的义务，未能履约的容量供应商将面临罚款。

在主容量市场拍卖与实际容量履约之间，市场参与者可通过二级市场交易追加容量拍卖过程。例如，容量供应商根据自身发电供应能力追加持有的容量合约以获得更高的收益，或适当售出容量合约以避免因延迟建设或计划外维护而产生的违约罚款。

在容量交付环节，竞标成功的市场主体将在交付年获得相应的报酬，同时需要履行在交付年遵照NGESO调用指令提供电力的义务，承担违约罚款的责任。

在费用支付方面，容量市场的费用通常由售电商承担，并依据其在交付年内电能量市场的售电份额进行分摊。容量费用由售电商经结算机构支付给容量供应商，如果容量提供者受到违约罚款，该罚款也将经过结算机构支付给售电商。

1. 容量定额

由英国能源和气候变化部（即后来的英国商业、能源和工业战略部，统称为BEIS）根据英国国家电网输电系统运营商（ESO）及监管机构（Ofgem）的技术分析报告，统筹考虑系统可靠性需要与容量成本，合理确定容量市场的需求曲线。容量需求曲线的形成过程包括三个步骤：制定可靠性标准、供电可靠性分析、形成容量需求曲线。

在可靠性标准方面，英国采用失负荷期望（Loss of Load Expectation，

LOLE）可靠性评估指标，LOLE一般指的是一年中负荷需求高于可用发电量的预期小时数。目前英国要求LOLE≤3小时/年。

在容量需求规模确定方面，每年度英国输电系统运营商、监管机构与BEIS技术专委会针对不同的系统供需场景开展分析，对交付年度满足系统可靠性标准所需的容量总量进行事先评估。评估模型采用动态调度模型（Dynamic Dispatch Model，DDM），以模拟分析2010—2050年的英国发电机组电力调度和发电量投资决策过程，输入参数包括预测的容量需求、物价水平、机组可用性、机组信息、预期投资回报率、容量投建费用等，如图6-2所示，通过综合评估、分析和比较不同的容量投建决策方案对发电、装机、成本、价格、供应安全、温室气体排放等各方面产生的影响，计算确定在容量市场中拍卖的容量目标总额。计划纳入市场拍卖的容量总量经技术专家组审议通过后，由英国国务大臣于主容量市场拍卖启动前审批通过。

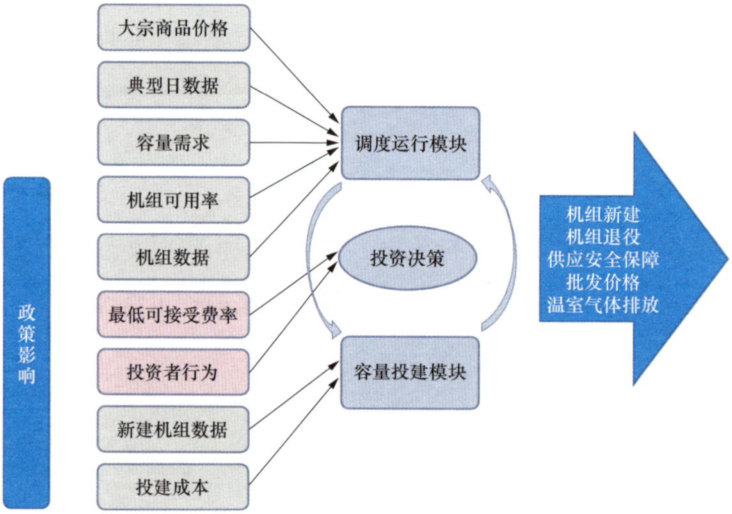

图6-2 评估容量需求的动态调度模型

组成容量需求曲线的两个重要参数分别为目标容量总量和容量资源的新进入净成本（Net-CONE）。其中Net-CONE数值由新建联合循环燃气轮机（Combined Cycle Gas Turbine Plants，CCGT）的成本扣除其在能量市场和辅助服务市场的预期收入计算确定。英国容量拍卖中的价格上限通常设置为Net-CONE的倍数（一般为Net-CONE值的1.5倍）。

英国容量市场需求曲线如图6-3所示。

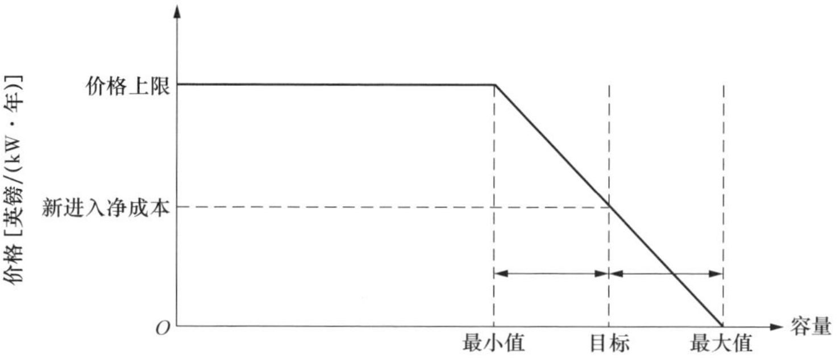

图6-3　英国容量市场需求曲线

英国容量市场中，通过引入降额系数（De-rated Factor）用于量化不同类型容量资源的容量可用程度，该系数按年度更新。基于降额系数计算得出的降额容量值（De-rated Capacity）作为能够参与容量拍卖的机组有效容量。例如对于燃煤、燃气等常规发电机组，英国系统运营商通过计算加权平均可用性（Technology Classes Weighted Average Availability，TCWAA）量化不同类型机组的降额容量系数，具体计算公式如下：

$$TCWAA=\frac{\sum_{i}\left(\frac{\sum_{t=1}^{T}MEL_{\mathrm{i,t}}^{\mathrm{demand\_peak}}}{\sum_{t=1}^{T}MEL_{\mathrm{i,t}}}\cdot\left(\mathrm{Max}\left\{MEL_{\mathrm{i,t}}\mid 1\leqslant t\leqslant T\right\}\right)\right)}{\sum_{i}\left(\mathrm{Max}\left\{MEL_{\mathrm{i,t}}\mid 1\leqslant t\leqslant T\right\}\right)} \tag{6-1}$$

式中：$MEL_{\mathrm{i,t}}$和$MEL_{\mathrm{i,t}}^{\mathrm{demand_peak}}$分别表示第$i$个发电单元在过去第$t$年内冬季时段和冬季峰值负荷时刻的最大运行容量，英国目前将T取值为7，代表过去7年内的冬季时段（或冬季峰值负荷时刻）；$\mathrm{Max}\left\{MEL_{\mathrm{i,t}}\mid 1\leqslant t\leqslant T\right\}$表示第$i$个发电单元在过去$T$年内的冬季时段的最大运行容量的最大值。

对于可再生能源机组、储能等主体，英国系统运营商通过随机生产模拟确定不同类型可再生能源机组、不同持续时长储能的降额容量系数，并基于此确定参与容量市场的等效可信容量（Equivalent Firm Capacity，EFC）。类似地，对于跨境互联容量，每年由BEIS技术委员根据系统运营商经随机生产模拟获得的降额容量系数范围计算获得等效可信互联电力容量（Equivalent Firm Interconnection Capacity，EFIC）。

对于需求侧响应资源（DSR），英国系统运营商通过计算非平衡服务单元平均可用性（Average Availability of Non-BSC Balancing Services，AABS）指标或通过试验性测试确定降额容量系数，AABS指标的计算公式如下：

$$AABS = \frac{Avg\left(P_{i,t}^{DSR}\right)}{Q_i^{DSR}} \tag{6-2}$$

式中：$P_{i,t}^{DSR}$为第i个需求侧响应资源在过去第t年内冬季峰荷时段的可用容量，英国目前t取值为3，即代表过去3年的冬季峰荷时段；$Avg\left(P_{i,t}^{DSR}\right)$表示过去3年的冬季峰荷时段的可用容量平均值；$Q_i^{DSR}$为第$i$个需求侧响应资源的合约容量（Contract Volume，CV）。

2021年度英国不同类型容量资源的降额容量系数取值如表6-1所示。

表6-1　2021年度英国不同类型容量资源的降额容量系数

容量资源类型	T-1/T-4（%）
燃油蒸汽发电	95.47
开式循环燃气轮机发电（OCGT）	95.47
内燃机发电	95.47
核电	80.44
水电（不包含潮汐发电）	91.15
联合循环燃气轮机发电（CCGT）	90.92
热电联产（CHP）	90.92
煤电	80.11
生物质发电	88.55
垃圾发电	88.55

续表

容量资源类型		*T*-1/*T*-4（%）		
需求侧响应（DSR）		78.45		
储能	持续时长（小时）	*T*-1（%）	*T*-4（%）	
	0.5	12.94	9.98	
	1.0	25.87	19.96	
	1.5	38.62	29.94	
	2.0	50.63	39.73	
	2.5	60.61	48.97	
	3.0	67.82	56.18	
	3.5	72.25	61.54	
	4.0	74.84	64.86	
	4.5	94.61	67.45	
	5.0		69.48	
	5.5+		94.61	
岸上风电		7.81	6.25	
离岸风电		11.33	8.59	
光伏发电		2.15	3.32	
电力互联		互联容量（GW）	*T*-4	
			NGESO的评估范围（%）	推荐降额容量系数（%）
IFA（法国）		2	59 ~ 97	69
IFA2（法国）		1	59 ~ 97	71
ElecLink（法国）		1	59 ~ 97	75
BritNed（荷兰）		1.2	49 ~ 88	66
Moyle（北爱尔兰）		0.5	10 ~ 97	49

续表

电力互联	互联容量（GW）	T-4	
		NGESO的评估范围（%）	推荐降额容量系数（%）
EWIC（爱尔兰）	0.5	10～97	49
NemoLink（比利时）	1	22～82	65
NSL（挪威）	1.4	78～96	83
VikingLink（丹麦）	1.4	47～87	63

2. 资格确认和拍卖

在参与容量拍卖之前，英国系统运营商（NG）需要对容量资源进行资格预审，通过其所提交的信息来验证容量市场单元是否有资格参与拍卖，同时确定各个CMU允许申报的最大容量。

英国容量市场遵循“技术中立”原则，允许发电容量供应商、需求侧响应资源、分布式发电资源、跨境容量、储能等不同类型主体参与容量拍卖。其中发电侧容量资源根据建设类型分为存量容量、调整容量和新建容量；需求侧响应资源根据是否有获得测试证书区分为已验证和未验证两类；需要说明的是，受到额外补贴的容量资源主体（例如，签署差价合约的发电容量、已享受政府投资决策扶持补贴的可再生能源发电容量、获得固定电价补贴的小型可再生能源分布式发电容量、受可再生能源义务补贴的可再生能源发电容量等）暂不享有参与容量市场的资格，其原因在于，英国政府认为上述容量已通过其他渠道获得额外收入，不能再从容量市场中获取收益。与此同时，英国市场明确单个容量规模低于2MW的主体同样不具备直接参与容量拍卖的资格，但可以通过与其他容量资源以聚合体的形式参与容量市场。此外，英国系统运营商在开展资格预审的同时也会对容量供应商所持有的CMU的容量义务周期予以明确，通常为15、10年与1年，在市场参与者参与拍卖申报时，其申报的容量有效期时长不得超过其容量义务周期。

根据英国容量市场方案，英国的主拍卖市场早于交付年4年（*T*–4）启动，其目的在于尽可能满足绝大部分的系统容量需求。此外，在主拍卖交付年的前一年（*T*–1）所举行的补充拍卖，致力于鼓励尽可能多的容量资源积极参与市场。补充拍卖市场的需求曲线与主拍卖市场需求曲线的确定方法基本相同，即系统运营商将综合分析系统可靠性需求、容量价值等，评估所需容量规模同样交由英国国务大臣审批确定。

在拍卖过程中，英国容量市场采用荷兰式拍卖，并按出清价格支付，容量供应商作为价格接受者。拍卖启动后，英国系统运营商（NGESO）作为买方，自价格帽起，以5英镑为1轮，每轮价格递减叫拍，且每轮叫拍的容量需求量不变，均为容量目标总额。拍卖为期2天，首轮拍卖时长为60分钟，后续每轮拍卖时长为30分钟。拍卖过程中，若有参与者中途退出竞拍，需要提交“退出投标”声明，同时提交可接受的最低容量价格。每轮拍卖结束时，确定剩余待竞拍的容量规模，即仍能够参与下一轮拍卖的所有资源的总容量。当剩余拍卖容量少于该轮的容量需求时，市场将进入出清环节，该轮拍卖即成为出清拍卖轮，其后将不再有新的拍卖举行，出清容量和出清价格均由此轮拍卖决定，达到最终满足系统容量需求的容量供应商成为价格设定者，所有中标的容量供应商均按此价格结算。拍卖完成后，CMU将与系统运营商签署容量合同，同时明确其享有的权利和承担的容量义务。英国容量市场荷兰式拍卖过程如图6–4所示。

市场拍卖结束后，仍留在市场中即所能接受的最低价格预期低于市场出清价格的CMU都将中标。由于在前序拍卖过程中CMU申报容量往往会以一个整体全部中标，导致此时的中标总容量与系统所需容量规模在数值并不能做到精确匹配，为使得系统容量需求被完全满足，英国还允许部分中途退出投标的CMU重新中标部分容量：例如，对于所有中途退出投标的CMU主体，依次按价格（从低到高）、容量规模（从高到低）、容量生效周期（从低到高）、随机数抽签值（从低到高）逐一排序，给出容量中标优先级排名，表6–2给出了一个中标优先级排名示例。

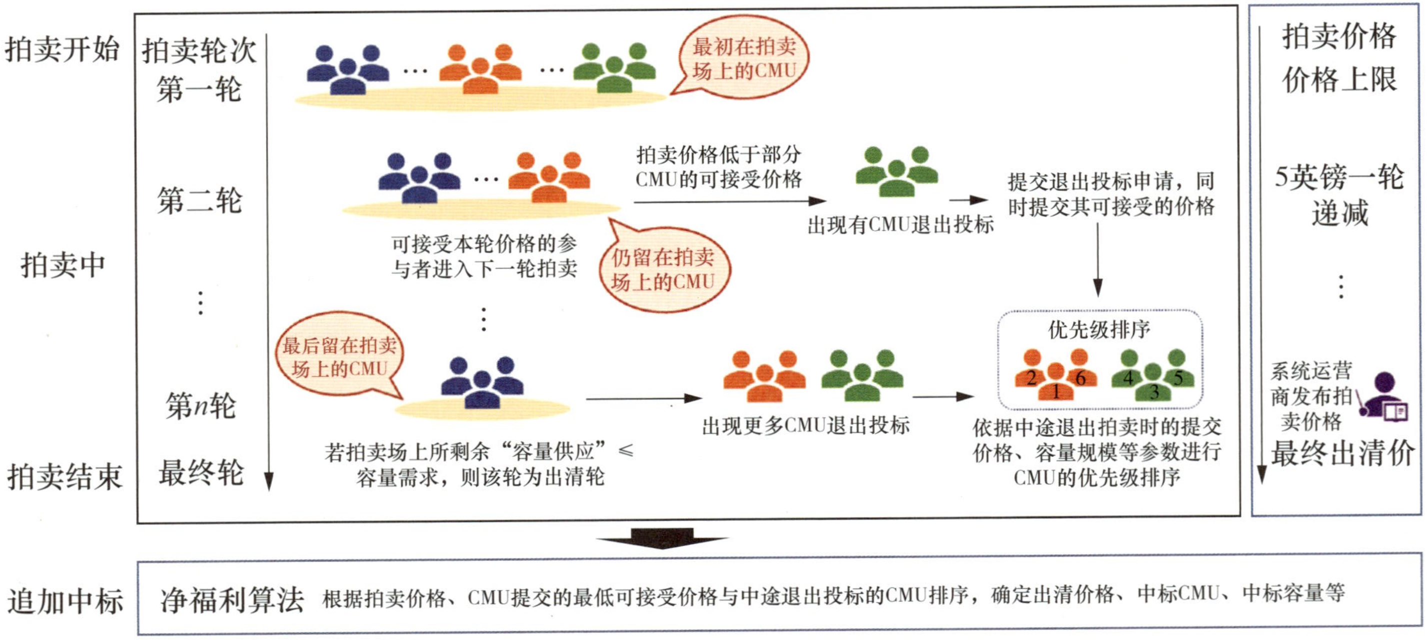

图6-4　英国容量市场荷兰式拍卖过程示意图

表6-2　　　中途退出投标的CMU参数及中标优先级排名

中标优先级	市场单元（CMU）	可接受的最低容量价格（英镑）	容量规模	容量生效周期	随机数抽签值
1	CMU 1	6	100	3	5
2	CMU 2	7	105	3	4
3	CMU 3	7	100	1	3
4	CMU 4	7	100	3	1
5	CMU 5	7	100	3	2

在容量市场最终拍卖轮结束、确认剩余待竞拍的容量及完成中途退出容量的中标优先级排名计算后，系统将在市场原供需拍卖曲线的基础上，以从高到低的优先级排序将中途退出的容量逐一加回至原容量供应曲线，重新形成一条新的容量供应曲线，并再次确认该条新的容量供应曲线能否与需求曲线产生新的交点。在市场实际运行过程中，此时可能存在如下两种情况：

情况一：需求曲线与新的供应曲线相交在端点上。

如图6-5所示，此时以交点对应的CMU为分界线，中标优先级排名高于该CMU的中途退出容量资源以及仍保留在最终拍卖环节的剩余待竞拍容量将成功中标，中标价格为该交点对应CMU的容量价格。

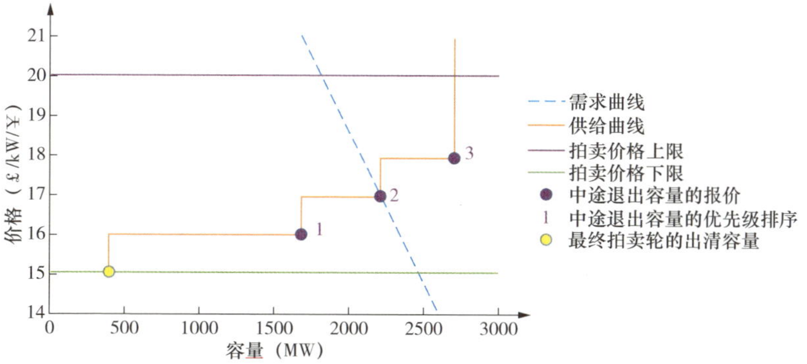

图6-5　考虑中途退出容量和剩余待拍卖容量的再匹配过程（情况一）

情况二：需求曲线与新的供应曲线相交在水平段上。

出现情况二时，需求曲线与新的供应曲线的某水平段相交，此时采用净福利算法（Net Welfare Algorithm）计算出清价格及容量，该方法的基本原理为，选取新的容量供应曲线上距离交点最近的两个端点，以倒推在容量降价拍卖过程中CMU先后中途退出的场景，比较不同场景下的用户侧福利（Net Welfare），并选择用户侧福利最大的出清端点确定为最终拍卖轮的出清场景，计算公式如下：

$$Net\ Welfare = \int_{Q_1}^{Q_h} P(Q)\mathrm{d}Q - \left(P_h Q_h - P_1 Q_1\right) \tag{6-3}$$

式中：$P(Q)$为需求曲线，该曲线中价格P为容量需求Q的函数。Q_1和Q_h均表征剩余待竞拍的容量与纳入优先级排名的中途退出投标容量之和，二者区别在于Q_1只计算低于需求曲线的中途退出容量部分，而Q_h计算了高于需求曲线的中途退出容量部分；需要说明的是，若低于需求曲线的部分无中途退出的投标容量，Q_1等于市场最终拍卖回结束时的最终剩余容量（Round Floor Capacity），若高于需求曲线部分无中途退出投标容量，Q_h等于市场最终拍卖回起始时的剩余拍卖容量（Round Floor Cap）；对应地，Q_1为位于需求曲线下方的优先级排名最低的中途退出投标容量的价格（若低于需求曲线部分无中途退出投标容量，其值等于市场最终拍卖回的最终出清价格，Round Price Floor）；P_h为位于需求曲线上方的优先级排名最高的中途退出投标容量的价格（若高于需求曲线部分无中途退出投标容量，其值则等于市场最终拍卖回的初始价格上限，Round Price Cap）。

考虑中途退出容量和剩余待拍卖容量的再匹配过程（情况二）如图6-6所示。

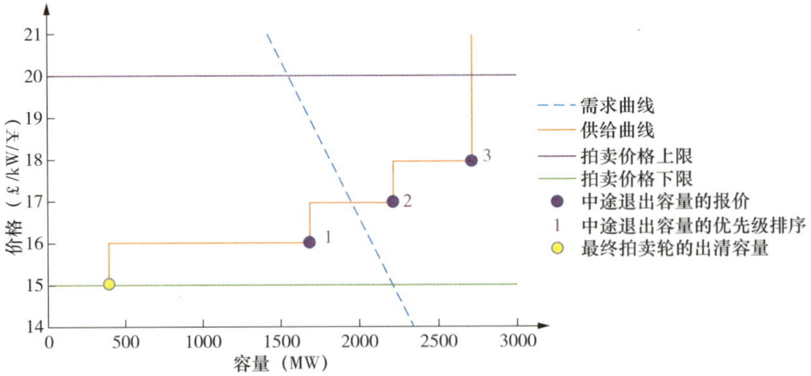

图6-6 考虑中途退出容量和剩余待拍卖容量的再匹配过程（情况二）

以图6–6为例，图中优先级排名顺序为1和2（图中紫色点所示）的中途退出投标容量可用于确定上述净福利算法所涉及的Q_l、Q_h、P_l以及P_h四个参数。在图中，Q_l等于最终拍卖轮结束时的剩余拍卖容量加中途退出投标的CMU 1容量，P_l等于中途退出投标的CMU 1的价格，Q_h等于Q_l加中途退出投标的CMU 2的容量，Q_h等于中途退出投标的CMU 2的价格。此外，若没有低于需求曲线的中途退出的投标容量，那么Q_l和P_l将取值为供应曲线（Supply Curve）与最终拍卖回拍卖价格下限（Round Price Floor，图中绿色线）的交点；同样地，若没有高于需求曲线的中途退出投标容量，那么Q_h和P_h将取值为供应曲线与最终拍卖回拍卖价格上限（Round Price Capacity，图中紫色线）的交点。

在明确净福利算法公式中所涉及的参数后，按照如下步骤确定拍卖的出清点。

步骤一：计算Q_l和Q_h之间需求曲线的积分值，即位于两点之间需求曲线下的面积（如图6–7中橙色部分所示），其含义为表示出清容量由Q_l增长至Q_h时，用户所能够获得的预期额外效益。

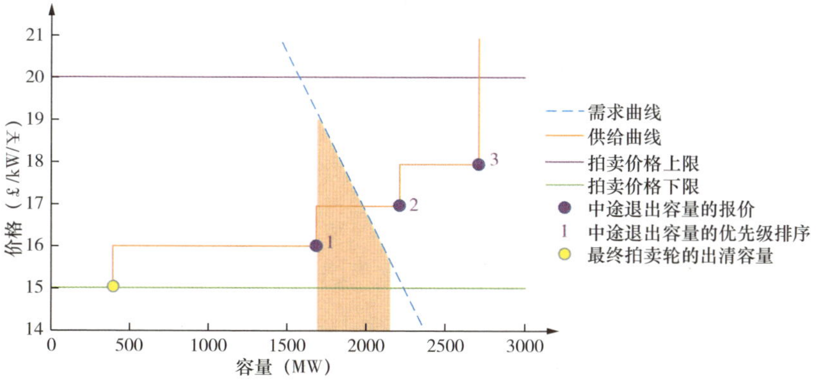

图6–7　用户完成容量购买的预期收益

步骤二：计算用户完成容量购买所支付的额外成本，并判断所支付的成本是否超过收益。该数值等于容量由Q_l增长至Q_h时，用户因采购更多容量所支付的额外成本，通过总成本（由Q_h P_h所组成的矩形）减去采购较低容量所支付的总成本（由$Q_l P_l$所组成的矩形）计算得到，如图6–8中蓝色部分所示。

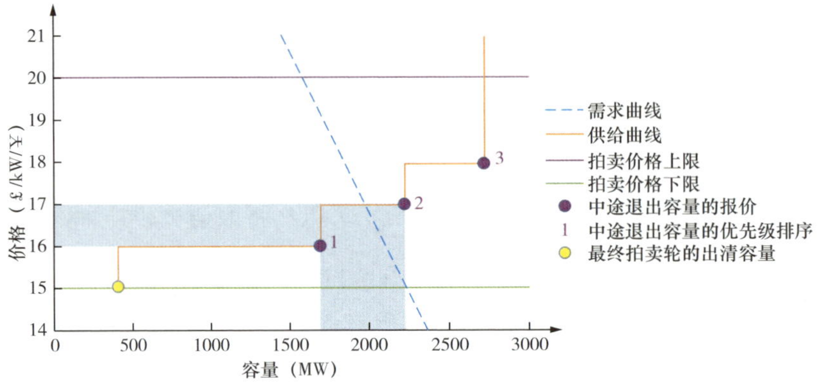

图6–8　用户购买容量所支付的成本

最终，将用户侧的预期收益$\int_{Q_l}^{Q_h} P(Q)\mathrm{d}Q$减去用户支付的成本$(P_h Q_h - P_l Q_l)$得到用户净福利水平。当净福利数值为正时，意味着追加出清容量的效益高于所支付的成本，此时系统出清容量为Q_h，出清价格为P_h；当净福利数值为负时，系统出清容量为Q_l，出清价格为P_l。由此可见，在此出清机制安排下，在最终拍卖环节结束时，所有的剩余待拍卖的CMU，以及中途退出拍卖的CMU，都有重新中标容量的可能性。

3. 二级市场交易

CMU在签订容量合同后必须承担相应的容量义务，若无法履约则面临罚款，而英国的二级市场为CMU调整所承担的容量义务、规避惩罚风险等提供了渠道。在二级市场中，容量供应商可将其交付年度中全部或指定时间周期内的合约容量转让至满足市场准入资格的受让方（即通过资格预审但未签署容量合约的主体），由受让方代为在主拍卖市场中签署容量合约。在完成容量合同转让后，由受让方获取容量费用收益，同时承担违约处罚义务。

受让方可分为存量机组、新建机组与改造升级机组。若受让方为新建机组，则必须要求机组建设进度必须满足一定的前提条件，方可参与二级市场交易。若受让方为改造升级机组，改造进度未达预期要求时，最大交易量不能超过改造前的机组容量，只有改造进度满足预期要求时，最大交易量才可以是改造后的机组容量。二级市场交易在系统运营商组织的系统平台上进行，容量供应商可以在交割年度开始前1年和整个交割年度的任何时间点进行合约转让交易。

二级市场呈现良好的灵活性特征，容量供应商能够在任意时段通过双边协商等形式调整容量规模，以规避如停机维护导致的未履约惩罚风险。在市场运行中，由于容量供应商承担了必须满足负荷需求的责任义务，同时在供需紧张时刻也能获得可观的收益，且其他有能力提供发电量的机组也有动机替代负荷尖峰时刻出现停运的机组，市场主体参与交易的活跃度较高。与此同时，英国允许部分金融类市场主体参与市场交易，从而进一步提高了市场流动性。

4. 容量交付

在系统容量供应紧缺时段，容量市场要求中标的容量供应商必须承担提供满足要求的电力供应的责任和义务，并根据容量义务履约情况计算相应的报酬，超出容量供应义务的额外容量供应以及未能按要求交付的容量缺口将受到奖励或惩罚。英国容量市场交割日期为交易标的年的10月1日至次年的9月30日，例如2022年的交割日期为2022年的10月1日至2023年的9月30日。需要说明的是，容量供应义务通常会随着负荷与未参与容量市场的机组发电量的实际情况发生变化，一般而言，在系统供应短缺时，容量供应商通常被要求事先提供负荷跟随容量义务等信息（Adjusted Load Following Capacity Obligation，ALFCO）。

在市场实际运行时，系统运营商需要至少提前4小时预警电力短缺，此时容量供应商需须按照负荷跟随容量义务交付电能（ALFCO），任何未能履行义务的容量提供者都将受到处罚，而超额交付者可能获得额外收益。容量交付过程可能发生如下情况：①“超额交付”，此时提供超过其容量义务的供应方在容量市场发布短缺警告之前将获得超额支付费用，需要说明的是，只有持有容量合同、在实时市场关闸前通知系统运营商其超额交付容量或响应系统运营商特定指令的供应商才有资格获得这笔款项；②“交付不足”，容量供应商未能提供足够的电力，这种情况下供应商将无法获取费用支付或将面临罚款，如图6–9所示，另外，若输电系统运营商未能提前发布电力短缺预警，即使容量供应商未能按时交付电能，也不会受到惩罚。

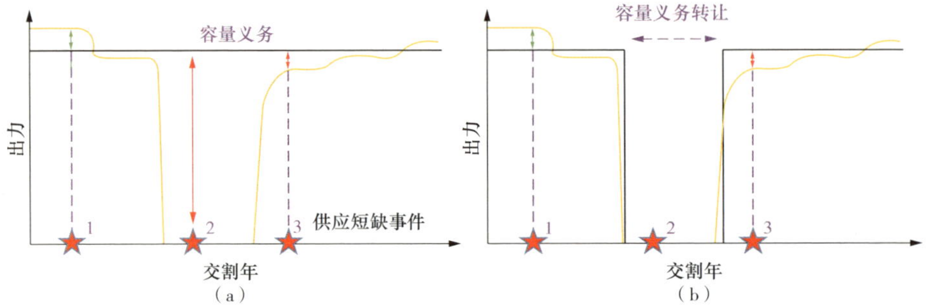

图6–9　容量交付过程中可能发生的两种场景
（a）超额交付；（b）交付不足

为了尽可能减少因“交付不足”带来的不利影响，英国容量市场引入了“容量再分配”机制。当系统电力供需紧张时，若某一CMU所交付的容量超过了其应承担负荷跟随容量义务（ALFCO），则可以通过“容量再分配”机制，将富余容量出售给另一CMU，以补足其全部或部分义务缺口，如图6–10所示。

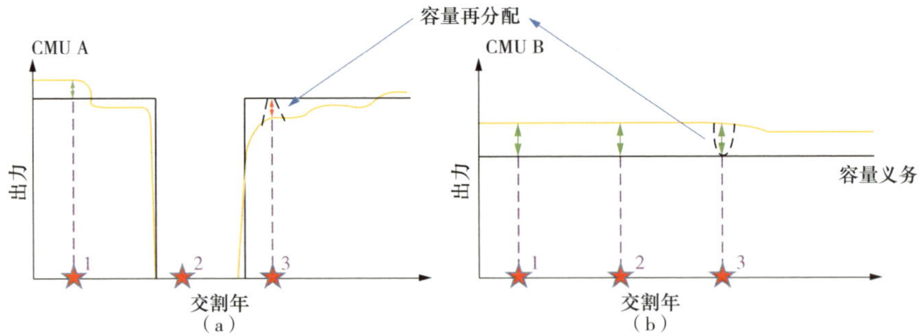

图6–10　容量再分配机制
（a）CMU A；（b）CMU B

不同于二级市场交易，上述“容量再分配”机制是一种以系统运营商主导的事后调整机制，用于在结算环节平衡CMU之间超额与缺额容量义务供应。一旦参与“容量再分配”机制，卖方超额交付中所转让的容量将无法获得额外收入。

在交付年内，系统运营商将抽查容量供应商是否具备提供规定容量的能力。任何未能通过抽查的供应方将不能获得容量费用支付，直到供应方通过后续全部抽查为止。

5. 费用支付

英国容量市场费用按月支付，支付金额（Monthly Capacity Payment，MCP）的基本计算公式如下所示：

$$MCP = CCP \cdot (AACO + PTCO) \cdot MWF \tag{6-4}$$

式中：CCP为容量市场出清价格（Capacity Cleared Price）；AACO为一级拍卖获得的容量义务（Auction Acquired Capacity Obligation）；PTCO为二级市场交易获得的容量义务（Physically Traded Capacity Obligation）；MWF为月度加权因子（Monthly Weighting Factor），由系统运营商按年度发布；若容量义务在月中发生转让，则月度支付金额按拥有所有权天数的比例分摊至转让方与受让方。

月度权重因子（2022—2023年度）如表6-3所示。

表6-3　　月度权重因子（2022—2023年度）

月份	权重因子（%）	月份	权重因子（%）
10	8.701926941	4	7.507191101
11	9.285553430	5	7.285114270
12	9.776310859	6	7.189151378
1	10.03681951	7	7.511320116
2	8.696074212	8	7.473212197
3	8.926061605	9	7.611264374

在系统供需紧张情况下，若容量资源供应商无法提供充足容量且未能通过“容量再分配”机制从其他CMU处获得足够的容量以完全履行容量义务，则需要承担未履约的惩罚。未履约的罚金同样按月计算，每个CMU的罚金存在上限。在实际执行过程中，在罚款金额计算公式中考虑了年度容量合同的收益情况，这意味着在交付年内的一个CMU累积罚款不会大于该CMU在交付年度能够收取的容量费用。在系统出现发电容量供应不足的结算周期（Relevant Settlement Period，RSP）j内，未履约罚款计算的具体步骤包括：

（1）若一个CMU可持有多个不同价格的容量合约，计算第i个CMU第n个容量合约的罚款费率$\mathrm{PR}_{i,j,n}$以及综合加权罚款费率$\mathrm{WPR}_{i,j}$：

$$\mathrm{PR}_{i,j,n}=\frac{\mathrm{ACP}_{i,n}}{24} \tag{6-5}$$

$$\mathrm{WPR}_{i,j}=\frac{\sum \mathrm{PR}_{i,j,n}\cdot W_n}{\sum W_n} \tag{6-6}$$

式中：$\mathrm{ACP}_{i,n}$表示第i个CMU所持有的第n个容量合约的年度支付金额（£）；W_n为第n个容量合约的合约量（MW）。

随后，将加权罚款价格$\mathrm{WPR}_{i,j}$乘以未履约的容量交付量$underdelivery_{i,j}$计算得到第i个CMU在第j个结算周期内的罚款金额$\mathrm{SPP}_{i,j}$：

$$\mathrm{SPP}_{i,j}=underdelivery_{i,j}\cdot \mathrm{WPR}_{i,j} \tag{6-7}$$

（2）累加所有CMU结算周期内的罚款金额$\mathrm{SPP}_{i,j}$得到结算周期内第i个CMU的总罚款金额SP_i：

$$\mathrm{SP}_i=\sum_j \mathrm{SPP}_{i,j}=\sum_j underdelivery_{i,j}\cdot \mathrm{WPR}_{i,j} \tag{6-8}$$

从上述计算过程可知，当未履约的容量交付量$underdelivery_{i,j}$等于负荷跟踪容量义务$\mathrm{ALFCO}_{i,j}$，总罚款金额达到最大值Max SP_i，即：

$$\mathrm{Max}\ SP_i=\sum_j \mathrm{ALFCO}_{i,j}\cdot \mathrm{WPR}_{i,j} \tag{6-9}$$

（3）根据CMU所承担的容量义务来源（一级市场容量义务AACO、二级市场容量义务PTCO）分别计算交付标的年罚金上限$\mathrm{APC}_{i,j}$以及剩余月度容量支付金额$\mathrm{RMCP}_{i,j}$：

$$\text{APC}_{i,j} = \text{ACP}_{i,n}^{\text{AATO}} \cdot \text{PCP} + \text{ACP}_{i,n}^{\text{PTCO}} \cdot \text{MWF} \cdot \text{PCP}_{j}^{\text{PTCO}} \cdot \left(D_{j}^{\text{PTCO}} / D_{j}\right) \quad (6\text{–}10)$$

$$\text{RMCP}_{i,j} = \text{ACP}_{i,n}^{\text{AATO}} \cdot \text{MWF} \cdot \text{PCP}_{j}^{\text{AATO}} + \text{ACP}_{i,n}^{\text{PTCO}} \cdot \text{MWF} \cdot \text{PCP}_{j}^{\text{PTCO}} \quad (6\text{–}11)$$

式中：$\text{ACP}_{i,n}^{\text{AATO}}$和$\text{ACP}_{i,n}^{\text{PTCO}}$分别为第$i$个CMU所持有的分别来自一级市场和二级市场的第$n$个容量合约支付金额（£）；$\text{PCP}_{j}^{\text{AATO}}$和$\text{PCP}_{j}^{\text{PTCO}}$分别表示一级市场和二级市场中的月度惩罚比例上限（%）；PCP表征年度惩罚比例上限（%）；$D_{j}^{\text{PTCO}}/D_{j}$为开展二级市场交易的天数占全月总天数的比例（例如：10/30或5/30）；MWF为月度加权因子（%）。

（4）基于上述计算得到的结算周期内第i个CMU的总罚款金额SP_i、总罚款金额上限Max SP_i、剩余月度容量支付金额$\text{RMCP}_{i,j}$、交付标的年罚金上限$\text{APC}_{i,j}$以及截至本月罚款结算前已完成结算的罚款金额SP'，计算得出应用于该月的月度罚款上限计算的中间参数$P_{i,j}$和$Q_{i,j}$（£）：

$$\text{MCP}_i = \text{RMCP}_{i,j} + \text{ASPPA}_{i,j} \quad (6\text{–}12)$$

$$P_{i,j} = \frac{\text{SP}_i}{\text{Max } SP_i} \cdot \text{Min}\left(\text{Max } SP_i, \text{MCP}_i\right) \quad (6\text{–}13)$$

$$Q_{i,j} = \text{APC}_{i,j} - \text{SP}' \quad (6\text{–}14)$$

式中：MCP_i为月度罚金支付上限，其值等于剩余月度容量支付金额$\text{RMCP}_{i,j}$，以及对应在结算周期j中因交易、转让、再分配机制等容量义务变更所导致的罚金变动$\text{ASPPA}_{i,j}$之和（£）。从上式可见，参数$P_{i,j}$反映了结算周期内该月的罚款金额大概能占到最大罚款值的百分之几；参数$Q_{i,j}$表征年度支付金额$\text{ACP}_{i,j}$与前若干月的罚款总金额SP'之差。

（5）综合判断是采用$P_{i,j}$或是$\min\left\{P_{i,j}, Q_{i,j}\right\}$作为结算期罚款金额$\text{SPPSA}_{i,j}$（£）：

$$\text{SPPSA}_{i,j} = \begin{cases} P_{i,j} & \text{否} \\ \min\left\{P_{i,j}, Q_{i,j}\right\} & \text{是} \end{cases} \quad (6\text{–}15)$$

上述公式的判断条件有二：条件一为，容量交付标的年内有超过48个结算周期实施罚款；条件二为，其中在横跨6个月的结算周期内有出现单月罚款次数超过8次，两个条件均满足则判定为“是”，否则为“否”。上述判定的物理含义为，“否”表示剩余罚金额度相对充裕，可以实施正常处罚；“是”表示剩余罚金额度相对不足，应考虑适当减少处罚，以体现总惩罚费用不超过年容量合同收入金额的市场设计导向。表6-4给出了一项判定案例。

表6-4 结算周期内的罚款金额

月份		10	11	12	1	2	3	4	5
场景1	当月罚款次数	0	10	12	8	20	0	0	0
	单月内是否达到8次		√	√	√	√			
	累计罚款次数	0	10	22	30	50	50	50	50
场景2	当月罚款次数	8	10	5	9	5	10	8	12
	单月内是否达到8次	√	√		√		√	√	√
	累计罚款次数	8	18	23	32	37	47	55	67

如表6-4所示，在场景1中，在10月至次年5月期间共实施50次罚款（即出现50个罚款结算期RSP），而场景2在同样时间段内共实施67次罚款（即出现67个罚款结算期RSP）。根据结算期罚款金额$SPPSA_{i,j}$的判定条件，在场景1下仅需要计算$P_{i,j}$值，其原因在于上述50次处罚集中发生在11月至次年2月的4个月内，不满足条件二；但在场景2下，在5月的罚款结算期间需要计算$\min\{P_{i,j},Q_{i,j}\}$，因为在为期6个月的结算周期内出现了单月不少于8次罚款（10月、11月、1月、3月、4月、5月），另外需要说明的是，尽管截至4月累计达到了48次罚款数量，但此时4月仍未满足条件二。

在每个月份的最后一次罚款结算时，将基于结算期罚款金额（SPPSA）逐一计算容量供应商、CMU、单个容量合约的月度罚金上限值。以容量供应商为例，在计算过程中，将基于供应商所持有的容量合约有效期时长，在供应商之间形成差异化的月度罚金上限值（MPSA）。类似地，通过同样方法可计算出每个CMU、单个容量合约对应的月度罚金上限值，且上述计算得出的月度罚金上限值将分别成为确定下一个结算周期的CMU月度罚金上限（$MCP_{i,j}$）和合约罚金上限（$MCP_{i,j,n}$）的重要依据。

6.1.3 交易实例

2021年7月21日，英国发布了2025/2026年容量市场初始目标容量水平及需求曲线参数，并启动以2022/2023年为交付年的“*T*–1”拍卖和以2025/2026年为交付年的“*T*–4”拍卖程序。其中，2021年7月21日至9月14日为报名与资格预审期，10月26日至11月23日为预审结果发布与公示期。2022年2月1日英国公布调整的市场拍卖参数，并于2月10日启动拍卖系统准备，测试用户登录，确认CMU信息，拍卖程序试运行。2022年2月15日，英国“*T*–1”拍卖启动并于当日完成，2022年2月22日，英国“*T*–4”拍卖启动并于当日完成。英国2022/2023年及2025/2026年交付年容量市场出清结果如表6–5所示。

表6–5 英国2022/2023年及2025/2026年交付年容量市场出清结果

参数		*T*-1	*T*-4
目标容量水平		5.361GW	42.1GW
需求曲线	价格上限容量	5.361GW	40.6GW
	£0/kW 容量	5.361GW	46.6GW
可靠性标准		LOLE不超过3小时	
价格上限		£75/kW	
新进机组净成本		£49/kW	
价格接收者阈值		£25/kW	
每轮价格递减		£5/kW	

在市场出清过程中，“*T*–1”拍卖整体呈现卖方市场特征，总出清容量为4996.224MW，占总投标容量的100%，出清价格为£75/kW，中标的CMU市场主体共有226个。在中标容量中，天然气发电资源占主要份额，占比为67.76%，其次为需求侧响应10.33%、汽油8.23%、电池储能7.71%；存量发电机中标容量占62.09%，新建发电机占27.33%，未经测试的需求侧响应占7.49%，经测试的需求侧响应占3.08%。2021拍卖年英国“*T*–1”拍卖（即2022/2023交付年）中不同类型容量供应商中标情况如图6–11所示。

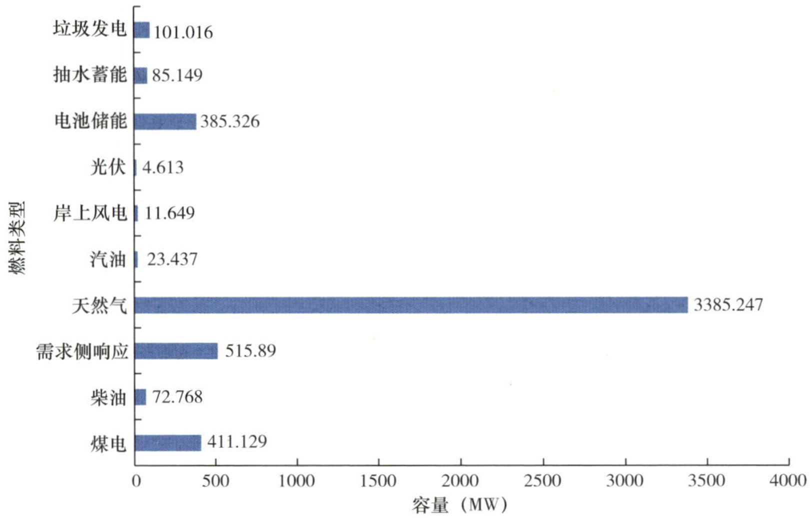

图6-11　2021拍卖年英国“*T*-1”拍卖（即2022/2023交付年）中不同类型容量供应商中标情况

2021拍卖年英国“*T*-1”拍卖（即2022/2023交付年）供需曲线情况如图6-12所示。

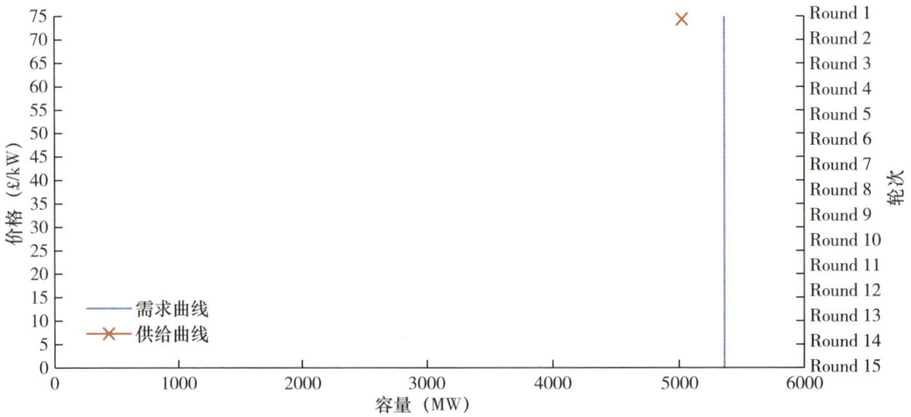

图6-12　2021拍卖年英国“*T*-1”拍卖（即2022/2023交付年）供需曲线情况

2021拍卖年英国“*T*-1”拍卖（即2022/2023交付年）中不同技术类型容量供应商中标情况如图6-13所示。

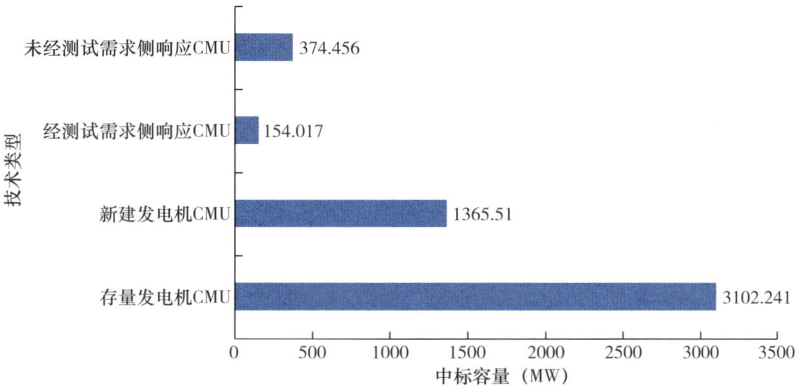

图6-13　2021拍卖年英国“*T*-1”拍卖（即2022/2023交付年）中不同技术类型容量供应商中标情况

“*T*-4”拍卖经过9轮拍卖出清，总中标容量为42364.314MW，占投标容量的87.20%，出清价格为£30.59，获得合约的CMU个数共574个。中标容量中天然气占主要份额，占比65.03%，其次为互联电力16.39%、抽水蓄能5.95%、电池储能2.79%；存量发电机中标容量占76.25%，存量互联电力占9.85%，新建互联电力占6.60%，新建发电机组占4.53%。

2021年拍卖年英国“*T*-4”拍卖（即2025/2026交付年）供需曲线情况如图6-14所示。

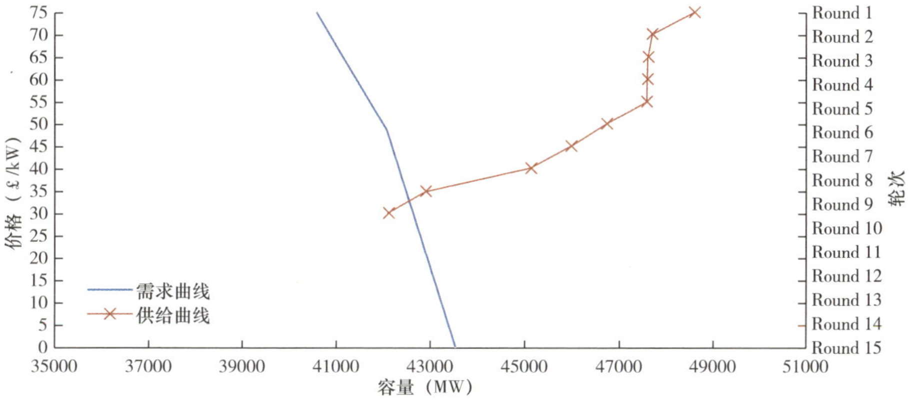

图6-14　2021拍卖年英国“*T*-4”拍卖（即2025/2026交付年）供需曲线情况

2021拍卖年英国"*T*–4"拍卖（即2025/2026交付年）中不同类型容量供应商中标情况如图6–15所示。

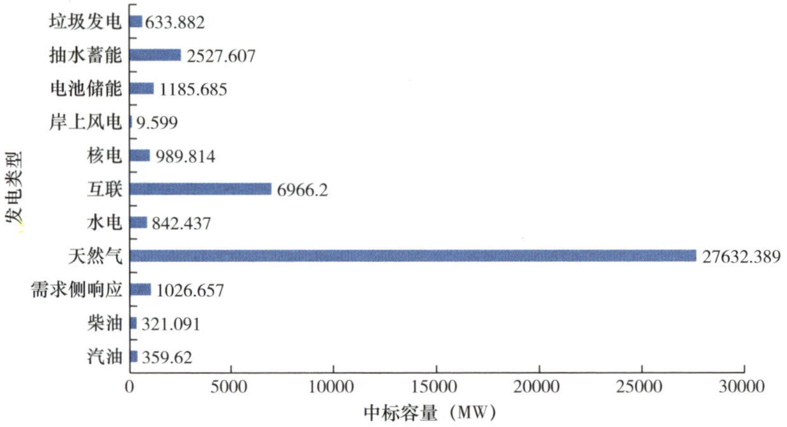

图6–15　2021拍卖年英国"*T*–4"拍卖（即2025/2026交付年）中不同类型容量供应商中标情况

2021拍卖年英国"*T*–4"拍卖（即2025/2026交付年）中不同技术类型容量供应商中标情况如图6–16所示。

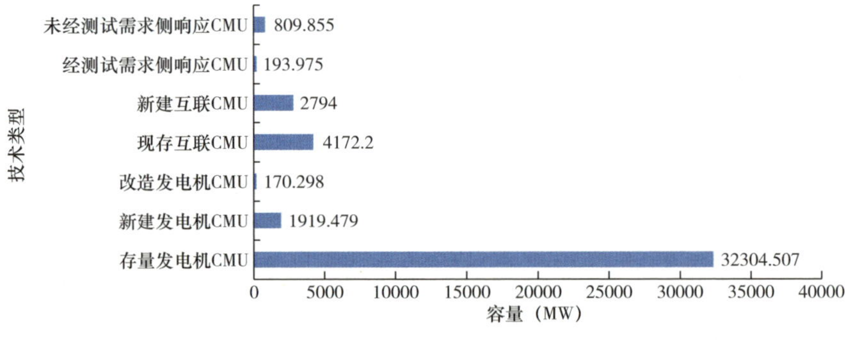

图6–16　2021拍卖年英国"*T*–4"拍卖（即2025/2026交付年）中不同技术类型容量供应商中标情况

6.1.4　应用成效及小结

英国容量市场自2014年实施以来，电力系统失负荷期望从1.6小时/年降至0.1小时/年，电力系统可靠性得到显著提升。参与市场竞拍的容量为保持在目标容量水平的1.3～1.5倍，市场流动性与竞争性良好，容量市场出清价格长期低于新进机组净成本，以相对低廉的成本保障了系统电力容量充裕度。随着近年煤电淘汰与老旧机组退役，出清价格逐渐走高，存量及改造升级的发电资源容量占比从最高的98%下降至76%左右，新建发电、储能、需求侧响应以及互联电力在容量市场比重显著上升。新建机组中，以天然气为代表的低碳火电为主，市场份额达6成以上，同时储能容量显著提升，近5年内实现从零到1077MW（铭牌容量为3556MW）的有效提升。

随着近期国际能源供需形势发生变化，2021年度“*T*-1”容量市场首次出现供不应求情况，出清价格达到£75/kW价格上限，创历史新高。高昂的出清价格同时带动了新建发电与需求侧响应的投资，二者市场份额占比超过“*T*-1”目标容量的1/3。可以看出，英国容量市场较好地体现了电力供需形势的变化，反映了中长期发电容量价值，总体上为补偿存量容量资源、鼓励新建容量资源提供了有效的价值信号。

2014—2021年期间英国“*T*-4”拍卖历史成交情况如图6-17所示。

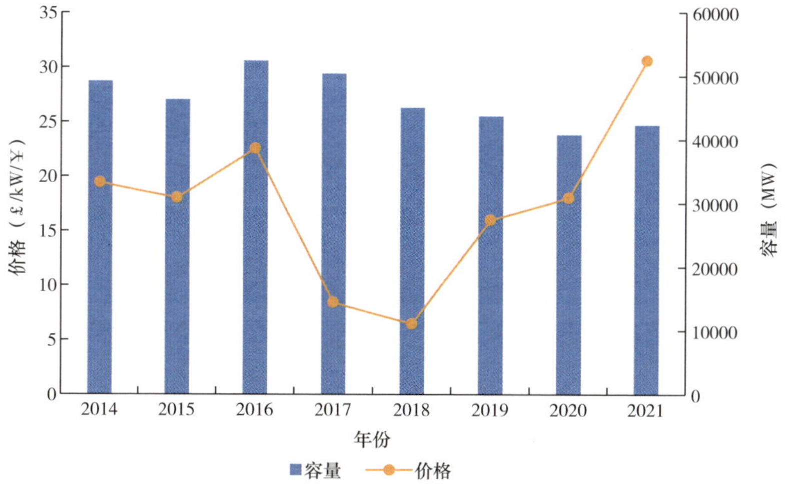

图6-17　2014～2021年期间英国“*T*-4”拍卖历史成交情况

2018—2021年期间英国“*T*-1”拍卖历史成交情况如图6-18所示。

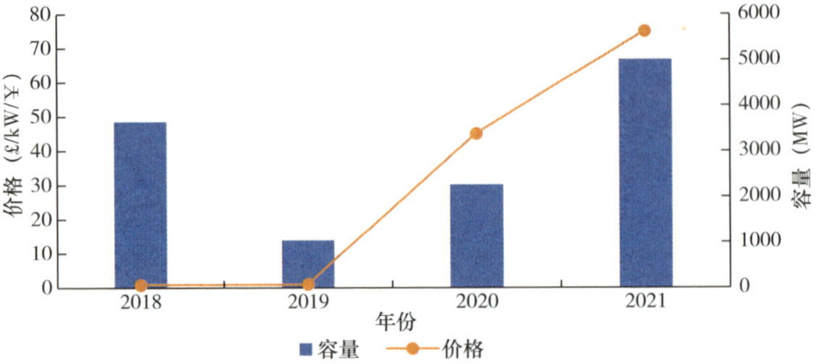

图6-18　2018—2021年期间英国“*T*-1”拍卖历史成交情况

英国容量市场与电能量市场、平衡市场及调度解耦，旨在最大化市场流动性与价格竞争性，通过容量价格与供需信号指导容量建设与供应。然而，英国容量市场在拍卖和出清环节不考虑网络阻塞，更多适用于网络阻塞情况少的电力市场。在规模较大且阻塞情况严重的电力系统中，容量市场设计必须考虑提供容量资源的位置信号，以避免因网络约束导致在系统供应短缺时容量资源无法提供应有发电能力，造成无效发电容量投资。

此外，英国正在考虑将跨境容量纳入容量市场中。一方面，英国电力系统呈现一定的“孤岛”特征，将跨境互联容量资源纳入容量拍卖过程中，能起到降低本土发电容量建设成本的效果；但仍存在诸多问题亟待明确，首先，若将跨境容量纳入容量拍卖，考虑到不同国家价格水平不同、市场规则各异，在市场机制层面的衔接方式仍有待明确，其次，又因为跨境容量当前暂不参与英国输配电价与平衡服务费计算，若直接将其纳入容量市场或将造成事实上的竞争力差距，影响市场公平性；此外，跨境容量亦存在交付风险，在更大范围系统供需紧张的场景下，不能确保本区域能够获得全额的预期出清跨境容量。

6.2　美国PJM

6.2.1　基本情况

美国PJM市场成立于1927年，覆盖美国东部13州（特拉华州、伊利诺伊州、印第安纳州、肯塔基州、马里兰州、密歇根州、新泽西州、北卡罗来纳州、俄亥俄州、宾夕法尼亚州、田纳西州、弗吉尼亚州、西弗吉尼亚州）与哥伦比亚特区，覆盖地区36.9万平方英里，人口约6500万人，经济体量占全美GDP的21%。美国PJM地区输电网总长度13.5万km，最高电压等级765kV。

截至2021年，美国PJM地区总发电装机容量为185.4GW，其中天然气发电装机容量占比42%、煤电装机容量占比28%、核电装机容量占比18%、水电装机容量占比5%。发电量结构方面，PJM地区2021年全年发电量约为831650.8GWh，其中天然气发电占比37.9%、核电占比32.8%、煤电占比22.2%、风电占比3.3%、水电占比2%。

6.2.2 市场及定价机制

美国PJM容量市场始建于1999年，最初的模式为容量信用市场（Capacity Credit Market，CCM），允许各负荷服务商通过日前、月度和多月容量市场来满足其容量责任。由于CCM设计中的一些缺陷和运行结果不达预期，2007年6月，PJM采用容量可靠性定价（Reliability Pricing Model，RPM）模式代替了容量信用市场模式。该容量市场体系包括一个基本拍卖市场、三个追加拍卖市场和一个双边市场，采用基于多重拍卖的可靠性定价模式，给予市场充分的流动性，也为市场成员提供了多次报价的机会。RPM的设计目标是提高容量市场价格的稳定性和系统的可靠性，并促使存量电源与未来规划中的电源进行竞争，为发电容量资源和负荷服务商提供一个长期价格信号，使PJM区域价格的波动性降低，容量资源分布更加合理。

相较于原来的CCM模式，RPM机制的主要特点有：①提前3年的前瞻性容量拍卖市场，而CCM模式下为提前1年；②采用倾斜的容量需求曲线代替原来垂直的容量需求曲线；③除允许发电资源参与市场外，还允许负荷资源等其他类型主体参与市场竞争；除允许存量资源参与市场外，还允许规划中的资源参与竞争；④PJM容量市场考虑区域内的输电约束，进行分区定价。

6.2.2.1 市场结构

PJM通过由多重拍卖开展容量市场交易，包括基本拍卖（Base Residual

Auction，BRA）、追加拍卖市场（Incremental Auction，IA）和有条件的追加拍卖（Conditional Incremental Auction，CIA）。

基本拍卖通常在目标年份开始前3年的5月举行，由PJM获取容量资源来满足目标区域的装机容量目标，并通过区域可靠性费用的方式将容量资源的成本分摊给各负荷聚合商。

追加拍卖（IA）目的在于获得所需的额外的容量资源来满足目标年开始前由于负荷波动等因素引起的容量需求的变化，IA阶段的需求曲线基于PJM或市场主体的购买申报曲线形成；此外PJM会根据系统实际容量供需情况临时组织一场额外的追加拍卖，称之为有条件的追加拍卖。除发电机组等容量资源主体外，PJM同样允许负荷聚合商通过自有机组或双边交易购买容量，以自供给（Self-Supply）方式满足容量责任。

需要说明的是，PJM规定已存在的且有可用容量的机组或负荷资源若没有参加BRA市场，则不能参加任何一次追加拍卖。且在基本拍卖或追加拍卖中获得出清的机组必须参加容量交付年的电能量市场的竞价。

PJM容量市场中的出清过程在数学层面可以归结成一个优化问题，其目标函数为容量采购成本的最小化，约束条件包括容量供需平衡约束、可变资源调节约束、地理位置约束、基本容量需求资源约束等。

PJM容量市场运作框架如图6-19所示。

6.2.2.2 运作流程

美国PJM容量市场一般包括容量需求曲线确定、容量申报竞价、容量市场出清、容量校核与结算等多个步骤：

1. 容量需求曲线确定

容量需求曲线在每场拍卖之前已提前确定。容量需求曲线是基于可变资源需求（Variable Resource Requirement，VRR）概念的一条分段递减的折线，可变资源需求是表示不同水平的装机容量对应的容量价格/数量的点集。

整个PJM区域和每个受约束的分区输电区域（Locational Delivery Area，LDA）均定义了自身的可变资源需求曲线。该曲线主要基于下列参数生成：

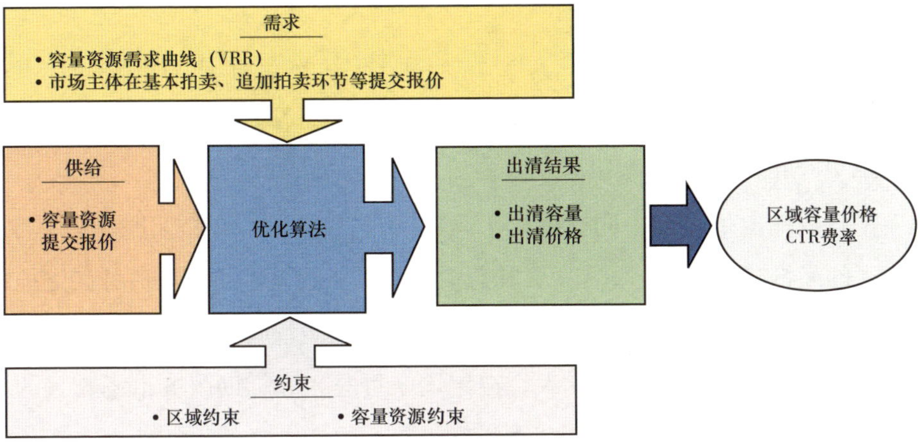

图6-19 PJM容量市场运作框架

（1）备用容量的目标水平（A Target Level of Reserve）；

（2）新进入成本（Cost of New Entry，CoNE）；

（3）能量市场和辅助服务市场收入的净抵消值［Net Energy & Ancillary Services（E&AS）Revenue Offset，Net E&AS］；

（4）价格响应需求资源（Price Responsive Demand，PRD）的量和价。

可变资源需求曲线的相关参数（包括系统可靠性要求，CoNE，E&AS等）在每年基本拍卖（BRA）之前公布。对于整个PJM区域和各个LDA区域，二者在可变资源需求曲线的差异在于对“系统可靠性要求”这一参数定义上的不同。每次公布的VRR曲线都要根据市场中所获得的固定资源要求（Fixed Resource Requirement，FRR）数值进行调整。

其中，新进入成本数值在开放输电价目表（Open Access Transmission Tariff，OATT）中事先规定：通过选择一个具有代表性的发电资源（作为参考资源），来确定新建电厂的资本投资、固定运营及维护费用水平。通常PJM采用燃烧涡轮发电厂作为最新的“参考资源”。各区域新进入成本依托于下列若干个子区域计算得出，PJM地区的新进入成本数值为如下五大区域的平均值：

CoNE Area 1：AECO，DPL，JCPL，PECO，PSEG，RECO

CoNE Area 2：BGE，Pepco

CoNE Area 3：AEP，APS，ATSI，ComEd，DAY，DLCO，DEOK，EKPC

CoNE Area 4：Met-Ed，PENELEC，PPL

CoNE Area 5：Dominion

在开放输电价目表中同样规定了新建机组在能量市场和辅助服务市场预计收入的净抵消值（Net E&AS）。其数值包括：①在基本拍卖阶段开始之前的3年，“参考资源”能从能量市场中获得的年均电能量收入；②开放输电价目表中所规定的辅助服务市场收入。在年均能量收入和辅助服务市场收入的计算过程中，PJM考虑到了相当多的参数特性：包括燃料价格特性、市场价格水平、成本分区特性等。可变资源需求曲线VRR如图6-20所示。

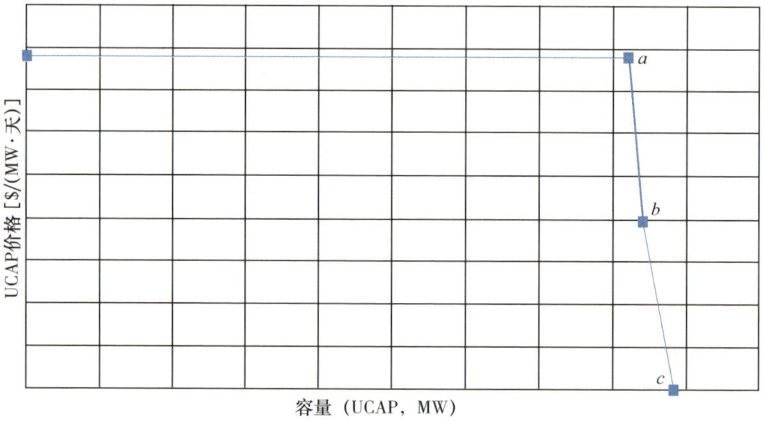

图6-20　可变资源需求曲线VRR

如图6-20所示，可变资源需求曲线VRR（以2018—2022执行年为例）根据a、b、c三点绘制在一张横轴为自然装机容量[1]（Unforced Capacity，UCAP）、纵轴为价格的图上，三个点的坐标如下式所示：

[1] 自然装机容量不等价于机组铭牌容量。以2020/2021年度的基本容量拍卖市场为例，若高峰负荷为153915MW，装机容量裕度参数（IRM）为16.6%，紧急停机概率（EFORd）为0.0659，那么自然装机容量=153915×（1+16.6%）×（1−0.00659）=167644.2MW。

$$a\text{点}:\left[\frac{\text{Max}\{\text{CoNE},1.5\times(\text{CoNE}-\text{E\&AS})\}}{1-\text{Pool Wide EFORd}},\ RelReq\frac{100\%+\text{IRM}-0.2\%}{100\%+\text{IRM}}\right] \tag{6-16}$$

$$b\text{点}:\left[\frac{0.75\times(\text{CoNE}-\text{E\&AS})}{1-\text{Pool Wide EFORd}},\ RelReq\frac{100\%+\text{IRM}+2.9\%}{100\%+\text{IRM}}\right] \tag{6-17}$$

$$c\text{点}:\left[0,\ RelReq\frac{100\%+\text{IRM}+8.8\%}{100\%+\text{IRM}}\right] \tag{6-18}$$

以*a*点为例：*a*点的价格等于总新进入成本（CoNE）和1.5倍净新进入成本（新进入成本CoNE减去E&AS）中的较大值除以1减去该市场范围内平均强迫停运率（Pool Wide EFORd）的差。*a*点的自然装机容量等于PJM可靠性要求（RelReq）乘以［100%加上经批准的装机备用余量（IRM）再减去0.2%］除以［100%加上经批准的装机备用余量（IRM）］。*b*点和*c*点同理。

每个LDA区域同样需要构造可变资源需求曲线。构造过程和上述一致，只不过需要将“PJM可靠性要求RelReq”替换成“LDA可靠性要求RelReq”；另外，可变资源需求曲线VRR还会考虑价格响应需求资源的影响进行调整。PJM容量市场运行过程中，整个地区输电组织（RTO）和分区输电地区的可靠性要求RelReq按照如下两式计算：

PJM的可靠性要求＝PJM区域的峰值负荷预测值（Forecast Peak Load）×预测市场需求（Forecast Pool Requirement，FPR）–PJM区域中所有提供FRR的主体的初始自然装机容量义务总和（Preliminary Unforced Capacity Obligations）　（6–19）

LDA区域的可靠性要求＝预计的LDA区域内自然装机容量＋容量紧急转移目标–位于LDA区域内所有提供FRR的主体的自然装机容量的最小值　（6–20）

在基本拍卖阶段环节之后，随着时间的推移和信息的更新，在每个拍卖容量交付之前，可靠性定价模型还需要通过三次追加拍卖来修正和协调市场变化的需要。例如，在每场追加拍卖之前，PJM将重新计算各LDA的可靠性要求，并将其与该目标年份之前的拍卖中所使用的可靠性要求作对比，来决定PJM是否需要购买或售出容量。

对于RTO和各LDA，PJM将会对以下部分的数量进行求和，来决定每场追加拍卖中需要购买或售出的总容量，需要的总容量由下面三个因素共同决定。

1）重新计算得到的可靠性要求减去该目标年份之前的拍卖中所使用的可靠性要求的差值。对于第一和第二场追加拍卖，仅当这个差额大于500MW或大于该目标年份之前的拍卖中所使用的可靠性要求的1%时，该差额才会被纳入考虑；

2）加上（或减去）PJM想要购买（或售出）的在该目标年份之前的追加拍卖中没能被成功出清的容量；

3）减去PJM在某LDA在该目标年份的追加拍卖中受条件约束而想要减少的容量。

如果最后的总结果数量为正，则PJM需要购买的是之前所有拍卖得到的容量总和的右边那部分更新的可变资源需求曲线VRR（见图6-21、图6-22）。

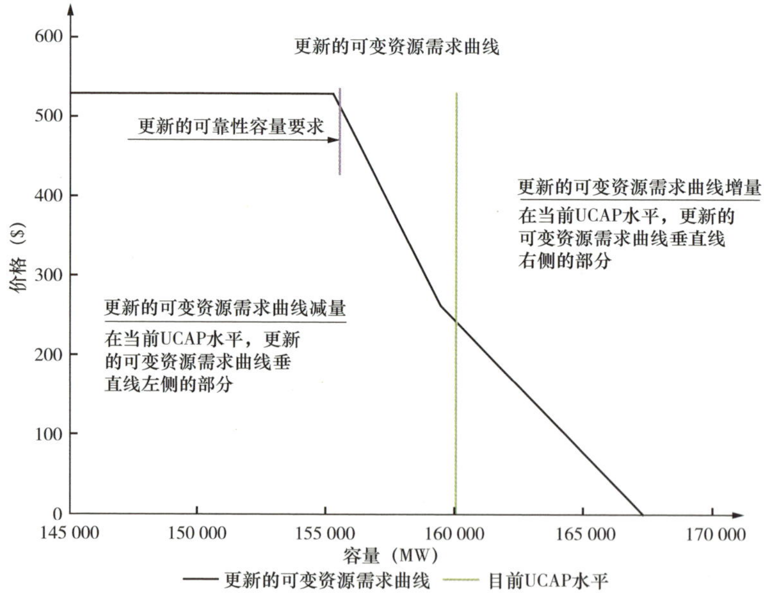

图6-21　更新的可变资源需求曲线

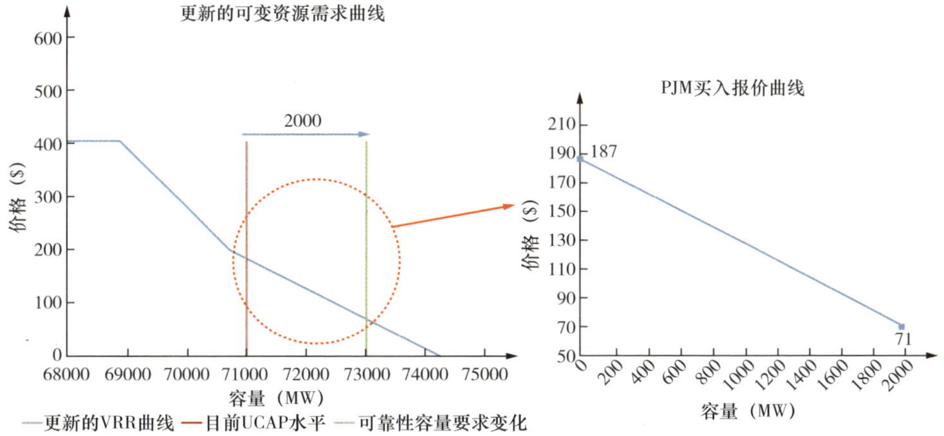

图6-22　追加拍卖中增加的可变资源需求曲线VRR

如果最后的总结果数量为负，则PJM需要卖出的是之前所有拍卖得到的容量总和往左到该总和减去总结果的绝对值那部分的可变资源需求曲线VRR（如图6-23所示）。

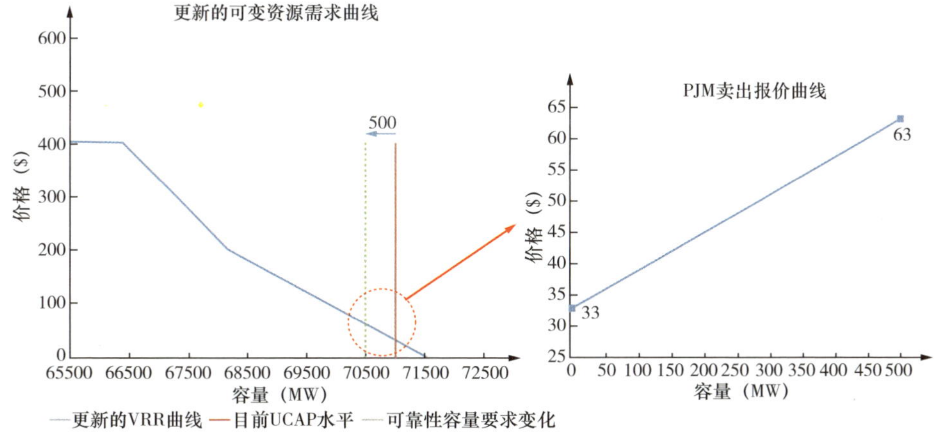

图6-23　追加拍卖中减少的可变资源需求曲线VRR

如果一条重要的输电线路投运延期结果导致PJM在某个分区输送区域需要获得额外的容量来解决相关可靠性问题，则会组织实施一场额外的追加拍卖，即有条件的追加拍卖。在有条件的追加拍卖中，容量需求曲线是PJM提出的单一购买报价阶跃曲线，其值为所采购LDA区域中净新进入成本

（NetCoNE，值等于CoNE减去E&AS）的1.5倍，以解决可靠性不够的问题。单一购买报价阶跃曲线如图6–24所示。

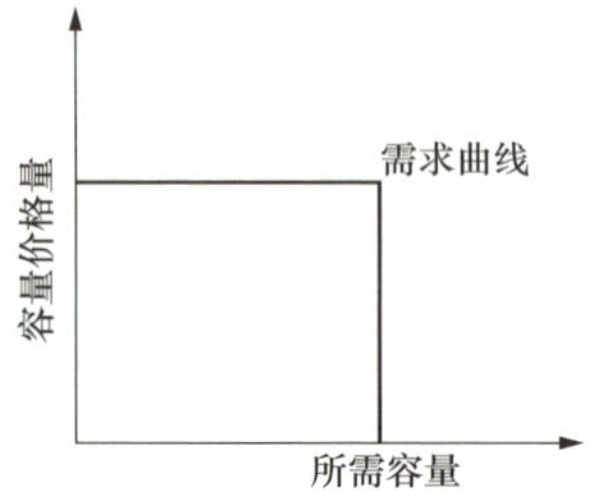

图6-24　单一购买报价阶跃曲线

另外，对于在本次条件追加拍卖中未成功采购的剩余容量，PJM将会在下一次预定的附加拍卖中采购。

2. 容量竞价

PJM容量市场设计了一个多次拍卖结构来获取足够的容量，具体通过以下机制来实现：一场基本拍卖，几场追加拍卖，适时举行有条件的追加拍卖，以及若干个双边交易。PJM容量市场的多次拍卖流程如图6–25所示。

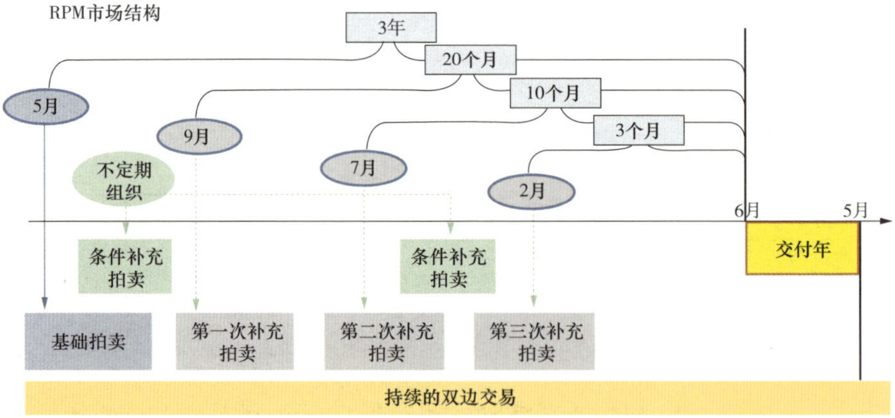

图6-25　PJM容量市场的多次拍卖流程

（1）基本拍卖。PJM根据对3年后的负荷预测，组织容量资源竞价，以满足电力系统中远期潜在的机组容量需求，购买容量的费用根据规则分摊给负荷服务商。基本拍卖通常在目标年份开始的前3年的5月前后举行。它允许系统运营商从容量供应商处获取资源承诺来满足地区的容量需求，并通过分区可靠性费用的方式将这些容量费用分配给各个负荷服务商。

（2）追加拍卖。在基本拍卖市场之后，随着时间的推移以及预测负荷、强迫停运率等信息的更新，在每个容量交付年之前，PJM会再组织若干次追加拍卖用于满足市场供需形势变化的需要。实施追加拍卖目的在于获得所需的额外的发电资源来满足目标年开始前由市场调整引起的潜在变化；PJM规定已存在的且有可用自然容量的机组或负荷资源若没有参加BRA市场报价，则不能参加任何一次追加拍卖。在基本拍卖市场或追加拍卖中获得出清的机组必须参加相应容量交付年能量市场的竞价。

（3）有条件的追加拍卖。根据市场出清和系统运行情况，PJM会结合需求适当临时组织额外的追加拍卖，例如，如果一条重要的输电线路投运延期结果导致PJM在某个分区输送区域需要获得额外的容量来解决相关可靠性问题（满足可靠性要求），PJM会考虑组织一场有条件的追加拍卖。

（4）双边交易。PJM允许负荷聚合商通过自有机组或双边贸易购买容量，以自供给方式满足容量责任（Capacity Obligation），这些容量也必须在基本拍卖市场中申报，但不管市场价如何，总是得到出清。拍卖过程的主要目标是获取不能通过双边交易的形式满足系统可靠性要求的容量资源。

3. 容量出清

在可靠性定价模型中，通过集中拍卖出清来确定容量的市场化交易。PJM容量市场中的出清过程可归结成一个优化问题，其目标函数为容量采购成本的最小化，约束条件包括容量需求约束、地理位置约束等。市场出清结果包括系统边际容量电价（未受约束部分）、各地区加价（各受约束地区清算电价高于系统清算电价部分，Locational Price Adder）以及各市场参与者的出清容量。

若在拍卖中不考虑区域内部的输电约束，则根据供给曲线与需求曲线的交点就可以得到整个PJM区域的出清容量和价格。当输电区域内实际存在送电约束时，可能会造成不同区域容量市场价格信号的不同。

分区输电区域是PJM内被认定为受传输限制的区域。一个地区是否受限取决于它在紧急事件中传输电能的能力，在PJM每年的区域输电扩张计划中，根据系统阻塞情况，确定哪些地区是LDA，以尽可能较为精确的量化容量资源的位置价值。在出清过程中，每个LDA区域中的容量出清价格为系统容量的边际出清价格和该LDA区域高于系统出清价格的部分二者的总和。

在市场出清过程中，PJM会判断LDA是否为受电区域，且该LDA中是否有新的机组（包括现有发电资源的增容）、新的负荷资源（包括现有需求侧资源的增容）和获批准的输电升级计划得到出清。如果该LDA在连续两次基本拍卖中均为受电地区，且没有新的资源和输电升级计划得到出清，PJM会评估一个新的输电升级计划作为区域输电扩展规划的一部分，以消除系统的传输阻塞。

4. 容量结算

PJM容量市场的结算费用主要包括：①区域可靠性费用；②拍卖欠款/信用和费用；③供应资源的短缺罚款；④未履约罚金等。

（1）区域可靠性费用。PJM根据出清容量和价格向各容量提供者支付容量购买费用，然后以区域可靠性费用（Locational Reliability Charge）的形式将购买费用分摊给负荷服务商（Load Service Entity，LSE），所有的LSE均需要支付所服务区域的上述费用，该费用等于其区域中自然装机容量义务[1]（UCAP Obligation）乘以出清的分区容量价格。

（2）拍卖欠款/信用和费用。在拍卖过程中，每个资源供应商在售出容量后将获得容量购买费用（Charge），其额度等于整个交付周期中所出清容量的兆瓦数与LDA出清价格的乘积；每个购买者在出清后获得容量欠款/信用（Credit），其额度等于LDA区域中的出清容量兆瓦数与LDA区域的出清价格的乘积[2]。

（3）供应资源的短缺罚款。包括高峰时段可用性费用、容量资源不足费

[1] 在最后一次追加拍卖结束后，才能确定自然装机容量义务（Zonal allocation of the Final RTO UCAP Obligation）。

[2] LSE可以选择在RPM拍卖中提供资源，并使用收到的任何拍卖信用抵销区域可靠性费用。

用、传输线路投运延迟罚款、发电资源评级测试失败罚款、需求侧管理测试失败罚款、紧急情况费用、不良信用罚款等，上述费用按照LSE自然装机容量比例收取。

（4）未履约罚金。如果某区域的价格响应需求供应者所供应容量资源不足，则需要承受相应的处罚，罚款额度等于区域中的兆瓦缺口数乘以交付年预测的市场需求系数[1]再乘以罚款率。

对于不同容量资源提供主体的实际的支付/结算价格一般不等于最终的区域容量出清价格，价格组成一般包括：系统容量边际出清价；高于系统出清部分的LDA区域价；有限资源价格递减（适用于需求侧响应资源Demand Resource，DR）；基本价格和基本需求响应/能效资源（Demand Resources/Energy Efficiency Resources，DR/EE）价格递减等。

容量资源提供主体价格的组成例子如图6-26所示。

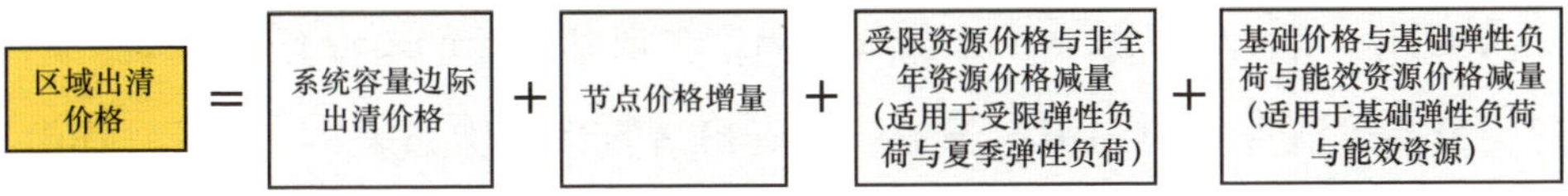

图6-26　容量资源提供主体价格的组成例子

6.2.3　交易实例

2018年2月，PJM发布2021/2022目标年基本拍卖市场规划参数，其中，系统峰值负荷预测为152647.4MW，PJM RTO可靠性容量要求（Reliability Requirement）为166355.1MW。基本拍卖市场分为14个区域市场，最小区域可靠性容量要求为2907MW，最大为64919MW，不同区域新进机组净成本在244.33 ~ 344.36$/（MW·天）之间。

2018年5月，PJM组织2021/2022目标年基本拍卖市场，PJM RTO总出清容量为163627.3MW、出清价格为140$/（MW·天），RTO系统装机备用裕度（IRM）达到21.5%，高于规划水平5.7%。14个区域市场最高出清价格为

[1] FPR =（1+IRM）×（1−EFORd）>1，式中IRM为装机备用余量系数（%）；EFORd为停运率（0~1）。

204.29$/（MW·天）、最低为140$/（MW·天）。表6-6展示了出清容量的结构，其中存量发电机组出清容量占全部出清容量的88%。

表6-6　　2021/2022年基本拍卖市场出清容量结构

基础拍卖	发电			区外输送	弹性需求	能效
	存量	新建	改造升级			
出清容量（MW）	144216.4	508.3	893	4051.8	11125.8	2832

2019年9月，PJM发布2021/2022目标年第一次补充拍卖市场规划参数，其中，系统峰值负荷预测为151832.3MW，PJM RTO可靠性容量要求为165254.3MW。14个区域市场中，最小区域可靠性容量要求为2884MW，最大为64229MW，不同区域新进机组净成本在244.64～344.80$/（MW·天）之间。

2020年6月，PJM组织2021/2022目标年第一次补充拍卖市场，6个区域市场存在出清容量。容量供应商总卖出容量为2143.2MW、总买入容量为2029.1MW，RTO买入容量114.1MW，出清价格基本在23～60$/（MW·天）之间，最高出清价格为219$/（MW·天）。出清容量结构如表6-7所示，其中，基本拍卖未出清容量、新建与改造升级机组、弹性需求、能效资源分别占55.4%、16.8%、13.5%、14.3%。

表6-7　　2021/2022年第一次补充拍卖市场出清容量结构

基础拍卖	上轮拍卖未出清	新建+改造升级	弹性需求	能效
出清容量（MW）	1187	360.9	289.7	305.6

2020年7月，PJM发布2021/2022目标年第二次补充拍卖市场规划参数，其中，系统峰值负荷预测为147501.6MW，PJM RTO可靠性容量要求为160334.2MW。14个区域市场中，最小区域可靠性容量要求为3108MW，最大为64229MW，不同区域新进机组净成本在243.48～343.16$/（MW·天）之间。

2020年7月，PJM组织2021/2022目标年第二次补充拍卖市场，5个区域市场存在出清容量。容量供应商总卖出容量为3707.5MW、总买入容量为6484.6MW，RTO卖出容量2954.1MW，不同区域出清价格最高为125$/

（MW·天），最低为10.26$/（MW·天）。出清容量结构如表6–8所示，其中，基本拍卖与第一次补充拍卖未出清容量、新建与改造升级机组、弹性需求、能效资源分别占73.2%、2.5%、0.1%、24.1%。

表6–8　　2021/2022年第二次补充拍卖市场出清容量结构

基础拍卖	上轮拍卖未出清	新建+改造升级	弹性需求	能效
出清容量（MW）	2714.5	95.3	4.3	893.4

2021年3月，PJM发布2021/2022目标年第三次补充拍卖市场规划参数，其中，系统峰值负荷预测为149482.9MW，PJM RTO可靠性容量要求为162502.9MW。14个区域市场中，最小区域可靠性容量要求为3137MW，最大为64113MW，不同区域新进机组净成本在242.60～341.93$/（MW·天）之间。

2021年3月，PJM组织2021/2022目标年第三次补充拍卖市场，5个区域市场存在出清容量。容量供应商总卖出容量为5235MW、总买入容量为4515MW，RTO卖出容量为803.1MW，不同区域出清价格最高为39$/（MW·天），最低为20.55$/（MW·天），出清容量结构如表6–9所示，其中，基本拍卖与第一、二次补充拍卖未出清容量、新建与改造升级机组、弹性需求、能效资源分别占80.7%、4.3%、0.01%、14.8%。

表6–9　　2021/2022年第三次补充拍卖市场出清容量结构

基础拍卖	上轮拍卖未出清	新建+改造升级	弹性需求	能效
出清容量（MW）	4224.9	227.5	7.9	775.2

2021年3月，PJM发布最终容量市场区域容量义务分配与可靠性电价。最终负荷区域容量义务为161683.4MW，区域可靠性电价最高为198.4$/（MW·天），最低为142.2$/（MW·天）。2021/2022年度PJM市场可靠性电价收益为94亿美元。

PJM容量市场规划参数—容量资源要求UCAP（目标年2021/2022）如表6–10所示，其他参数（目标年2021/2022）如表6–11所示。

表6-10 PJM容量市场规划参数—容量资源要求UCAP（目标年2021/2022）

单位：MW

区域	RTO	MAAC	EMAAC	SWMAAC	PSEG	PSEG NORTH	DPL SOUTH	Pepco	ATSI	ATSI-Cleveland	ComED	BGE	PPL	DAY	DEOK
基本拍卖	166355.1	64919	35994	15259	11501	5810	2907	8073	15598	5258	26112	7910	9974	3979	7557.0
第一次补充拍卖	165254.3	64893	36025	15270	11526	6111	2884	8101	15370	5709	25611	7844	9917	3895	7465.0
第二次补充拍卖	160334.2	64229	36041	15010	11639	6109	3108	7941	14581	5544	23921	7609	10160	3677	7260.0
第三次补充拍卖	162502.9	64113	35660	14925	11605	6139	3137	7716	14855	5730	23863	7773	10199	3922	7346.0

注 RTO包含AEP、APS、DLCO、EKPC等区域。MAAC包含Met-Ed、PENELEC、PPL等中大西洋区域。EMAAC包含AECO、JCPL、PECO等东大西洋区域。SWMAAC包含BGE、Pepco等西南大西洋区域。

表6-11 PJM容量市场规划参数—其他参数（目标年2021/2022）

参数	基本拍卖	第一次补充拍卖	第二次补充拍卖	第三次补充拍卖
装机容量裕度（IRM）（%）	15.8	15.8	15.1	14.7
系统平均 EFORd（%）	5.9	6.0	5.6	5.2
系统预测容量要求（FPR）	1.0898	1.0884	1.087	1.0871
峰值负荷预测（MW）	152647.4	151832.3	147501.6	149482.9

基本拍卖市场曲线参数（目标年2021/2022）如表6-12所示。

表6-12　基本拍卖市场曲线参数（目标年2021/2022）

区域	新进机组成本（UCAP 价格）[$/（MW·天）]	a点 UCAP 价格 [$/（MW·天）]	b点 UCAP 价格 [$/（MW·天）]	c点 UCAP 价格 [$/（MW·天）]	a点UCAP 容量水平（MW）	b点UCAP 容量水平（MW）	c点UCAP 容量水平（MW）
RTO	321.57	482.36	241.18	0	156809.2	160909.3	168712.9
MAAC	292.69	439.04	219.52	0	66148.8	67886.7	71194.3
EMAAC	313.77	470.66	235.33	0	36864.2	37827.8	39661.7
SWMAAC	264.88	410.34	198.66	0	15463.8	15872.3	16649.8
PSEG	330.61	495.92	247.96	0	11858.5	12166.4	12752.4
PSEG NORTH	330.61	495.92	247.96	0	5883.8	6039.3	6335.3
DPL SOUTH	300.18	450.27	225.14	0	2919.2	2997	3145.1
Pepco	285.42	428.13	214.07	0	8178.2	8394.3	8805.6
ATSI	306.87	460.31	230.15	0	15825.7	16243.2	17037.9
ATSI-Cleveland	306.87	460.31	230.15	0	5298.8	5439.6	5707.5
ComED	344.36	516.54	258.27	0	26910	27609	28939.4
BGE	244.33	410.34	183.25	0	8008.4	8220.2	8623.2
PPL	300.72	451.08	225.54	0	10060.8	10327.8	10836
DAY	312.56	468.84	234.42	0	4082.8	4189.3	4392.1
DEOK	312.8	469.2	234.6	0	7240.1	7431	7794.2

第一次补充拍卖市场曲线参数（目标年2021/2022）如表6-13所示。

表6-13　第一次补充拍卖市场曲线参数（目标年2021/2022）

区域	新进机组成本（UCAP 价格）[$/（MW·天）]	*a*点 UCAP 价格 [$/（MW·天）]	*b*点 UCAP 价格 [$/（MW·天）]	*c*点 UCAP 价格 [$/（MW·天）]	*a*点UCAP 容量水平（MW）	*b*点UCAP 容量水平（MW）	*c*点UCAP 容量水平（MW）
RTO	321.98	482.97	241.49	0	151949.5	156024.3	163779.5
MAAC	293.06	439.6	219.8	0	64780.9	66518.1	69824.4
EMAAC	314.17	471.26	235.63	0	35962.8	36927.2	38762.7
SWMAAC	265.22	410.86	198.91	0	15243.6	15652.4	16430.4
PSEG	331.03	496.55	248.27	0	11506.1	11814.6	12401.9
PSEG NORTH	331.032	496.55	248.27	0	6100.4	6264	6575.4
DPL SOUTH	300.56	450.84	225.42	0	2879	2956.2	3103.2
Pepco	285.78	428.68	214.34	0	8087	8303.9	8716.6
ATSI	307.26	460.89	230.45	0	15343.5	15754.9	16538
ATSI-Cleveland	307.26	460.89	230.45	0	5699.1	5852	6142.8
ComED	344.80	517.2	258.6	0	25566.8	26252.4	27557.3
BGE	244.64	410.86	183.48	0	7830.5	8040.4	8440.1
PPL	301.10	451.66	225.83	0	9899.9	10165.4	10670.6
DAY	312.96	469.44	234.72	0	3888.3	3992.5	4191
DEOK	313.20	469.8	234.9	0	7056.2	7245.5	7605.6

第二次补充拍卖市场曲线参数（目标年2021/2022）如表6-14所示。

表6-14　　第二次补充拍卖市场曲线参数（目标年2021/2022）

区域（LDAs）	新进机组成本（UCAP 价格）[$/（MW·天）]	a点 UCAP 价格[$/（MW·天）]	b点 UCAP 价格[$/（MW·天）]	c点 UCAP 价格[$/（MW·天）]	a点UCAP容量水平（MW）	b点UCAP容量水平（MW）	c点UCAP容量水平（MW）
RTO	320.45	480.67	240.33	0	147691.5	151676.2	159260
MAAC	291.67	437.5	218.75	0	64117.4	65847.3	69139.6
EMAAC	312.67	469.01	234.51	0	35978.4	36949.1	38796.5
SWMAAC	263.95	408.91	197.97	0	14983.9	15388.2	16157.6
PSEG	329.45	494.18	247.09	0	11618.8	11932.3	12528.9
PSEG NORTH	329.45	494.18	247.09	0	6098.4	6262.9	6576.1
DPL SOUTH	299.13	448.7	224.35	0	3102.6	3186.3	3345.6
Pepco	284.42	426.63	213.32	0	7927.2	8141.1	8548.1
ATSI	305.80	458.7	229.35	0	14555.7	14948.4	15695.8
ATSI–Cleveland	305.80	458.7	229.35	0	5534.4	5683.7	5967.9
ComED	343.16	514.74	257.37	0	23879.4	24523.7	25749.9
BGE	243.48	408.91	182.61	0	7595.8	7800.7	8190.7
PPL	299.67	449.5	224.75	0	10142.3	10416	10936.8
DAY	311.47	467.2	233.6	0	3670.6	3769.6	3958.1
DEOK	311.71	467.56	233.78	0	6873.7	7059.2	7412.1

第三次补充拍卖市场曲线参数（目标年2021/2022）如表6-15所示。

表6-15　　第三次补充拍卖市场曲线参数（目标年2021/2022）

区域	新进机组成本（UCAP 价格）[$/（MW·天）]	*a*点 UCAP 价格 [$/（MW·天）]	*b*点 UCAP 价格 [$/（MW·天）]	*c*点 UCAP 价格 [$/（MW·天）]	*a*点UCAP容量水平（MW）	*b*点UCAP容量水平（MW）	*c*点UCAP容量水平（MW）
RTO	319.30	478.95	239.47	0	153534.5	157582.2	165285.8
MAAC	290.62	435.93	217.97	0	65447.9	67180.7	70478.6
EMAAC	311.55	467.33	233.66	0	36599.2	37563	39397.3
SWMAAC	263.01	407.44	197.26	0	15166	15569.4	16337.1
PSEG	328.27	492.41	246.2	0	12028	12341.6	12938.6
PSEG NORTH	328.27	492.41	246.2	0	6250.1	6416	6731.8
DPL SOUTH	298.06	447.09	223.54	0	3148.7	3233.5	3394.9
Pepco	283.40	425.1	212.55	0	7822.8	8031.4	8428.3
ATSI	304.70	457.05	228.53	0	15083.7	15485.2	16249.3
ATSI–Cleveland	304.70	457.05	228.53	0	5769.9	5924.8	6219.5
ComED	341.93	512.89	256.44	0	24665.8	25310.7	26538.2
BGE	242.60	407.44	181.95	0	7906.1	8116.2	8516.1
PPL	298.59	447.89	223.95	0	10285.2	10560.9	11085.5
DAY	310.35	465.53	232.76	0	4026.6	4132.6	4334.3
DEOK	310.59	465.88	232.94	0	7092.5	7281.2	7640.3

容量市场出清结果（目标年2021/2022）如表6-16所示。

表6-16　　容量市场出清结果（目标年2021/2022）

区域	基本拍卖市场		第一次补充拍卖市场			第二次补充拍卖市场			第三次补充拍卖市场		
	出清价格［$/（MW·天）］	出清容量（MW）	出清价格［$/（MW·天）］	卖方成交容量（MW）	买方成交容量（MW）	出清价格［$/（MW·天）］	卖方成交容量（MW）	买方成交容量（MW）	出清价格［$/（MW·天）］	卖方成交容量（MW）	买方成交容量（MW）
RTO	140	163627.3	23	1427.3	1201.1	10.26	2760.8	2935	20.55	3193.8	2415.5
MAAC	140	67365.9	23	435.5	661.7	10.26	486.4	3251.8	20.55	395.3	607.7
EMAAC	165.73	29288.5	25	134.3	128.3	15.37	169.2	166	26.36	929.3	805.7
SWMAAC	140	10106.7									
PSEG	204.29	5367.6	45	18.3	18.3	125	195.1	70.4	31	472.5	442.9
PSEG NORTH	204.29	3133.3	219	79.1							
DPL SOUTH	165.73	1673.8	25								
Pepco	140	5948.8	23								
ATSI	171.33	8007.3	23								
ATSI-CLEVELAND	171.33	1248	23								
ComED	195.55	22358.1	23								
BGE	200.3	1937.7	60	48.7	19.7	70	96	61.4	39	244.1	244.1
PPL	140	11233.1	23								
DAY	140	1636.7	23								
DEOK	140	2733.3	23								
			RTO小计	2143.2	2029.1	RTO小计	3707.5	6484.6	RTO小计	5235	4515.9

区域可靠性电价结果（目标年2021/2022）如表6-17所示。

表6-17　　区域可靠性电价结果（目标年2021/2022）

负荷区域	最终区域可靠性电价调节因子	最终区域容量义务（MW）	最终区域容量价格［$/（MW·天）］	最终区域容量输送权价格［$/（MW·容量义务·天）］	最终区域负荷可靠性电价［$/（MW·天）］
AECO	1.0773	2810.8	167.7	3.0	164.7
AEP	1.1117	13005.5	142.2	—	142.2
APS	1.0737	10061.4	142.2	—	142.2
ATSI	1.1205	13995.4	168.0	7.8	160.2
BGE	1.0886	7491.2	204.5	41.0	163.5
ComED	1.1304	22721.2	198.4	—	198.4
DAY	1.1426	3875.3	142.2	—	142.2
DEOK	1.1389	5191.1	142.2	—	142.2
DLCO	1.1087	3085.4	142.2	—	142.2
Pominion	1.0690	22932.4	142.2	—	142.2
DPL	1.0661	4369.4	167.7	3.0	164.7
EKPC	1.0875	2704.5	142.2	—	142.2
JCPL	1.0345	6601.6	167.7	3.0	164.7
Met-Ed	1.0951	3476.2	142.2	—	142.2
PECO	1.1086	9496.9	167.7	3.0	164.7

续表

负荷区域	最终区域可靠性电价调节因子	最终区域容量义务（MW）	最终区域容量价格［$/（MW·天）］	最终区域容量输送权价格［$/（MW·容量义务·天）］	最终区域负荷可靠性电价［$/（MW·天）］
PENELEC	1.0610	3275.6	142.2	—	142.2
Pepco	1.0997	6742.4	142.2	—	142.2
PPL	1.1078	8418.3	142.2	—	142.2
PSEG	1.0741	10987.4	209.9	21.4	188.5
RECO	1.0023	441.3	167.7	3.0	164.7
	总计	161683.4			

注　最终系统容量要求系数 =1.0871。

6.2.4 应用成效及小结

据统计，美国PJM容量市场自实施以来，累计共支持了95253MW新增发电容量建设，其中包括新建机组48105.5MW、改造机组12058.3MW、重启机组1550.7MW、延迟除役16100.5MW、弹性需求与能效资源14739.7MW、跨境容量2698.3MW。如图6-27所示，其中新增发电容量资源中（不包含延迟除役），气电机组占绝对主导地位，联合循环轮机累计容量达40500.1MW，常规气电8337.6MW。

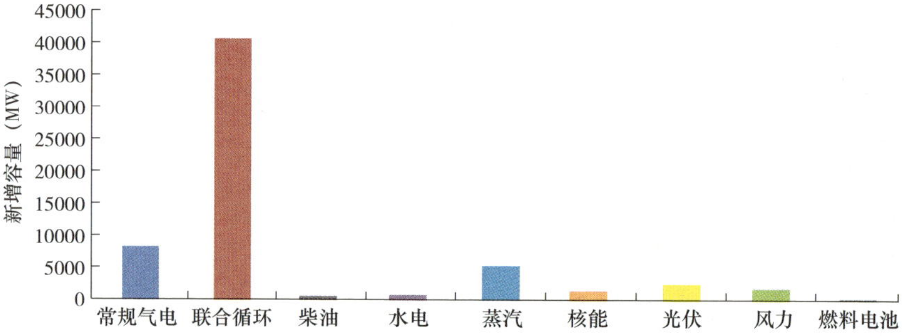

图6-27　容量市场实施以来PJM累计新增发电装机

风电、光伏累计新增容量分别为2625.1MW与1928.4MW，仅分别占发电容量资源的4.3%与3.1%。从图6-27和图6-28可见，在新建机组中，天然气发电容量资源占比超过87%，而新建光伏容量自2021年加速提升，最高年增长量为1440.8MW。

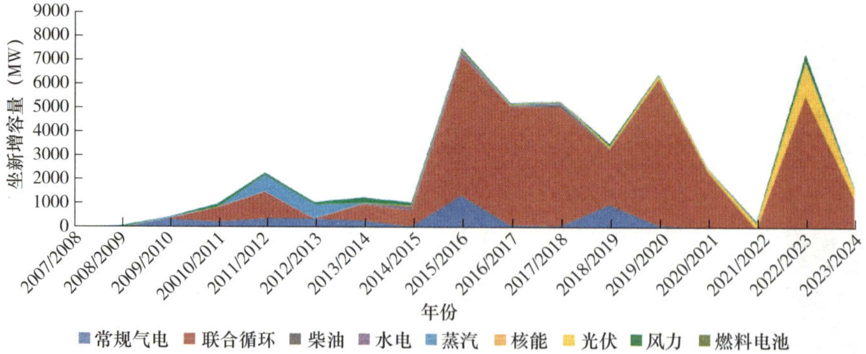

图6-28　2007—2023期间PJM容量市场新建机组容量

图6–29显示PJM容量市场实施以来基础拍卖的出清价格变化趋势，出清价格存在明显周期性。同时可以看出，除2012/2013年与2013/2014年系统与区域的出清价格呈现一定差异，其余年份系统与区域的出清价格走势较为吻合，体现了PJM容量市场价格信号对不同时空的容量供需情况的反映。

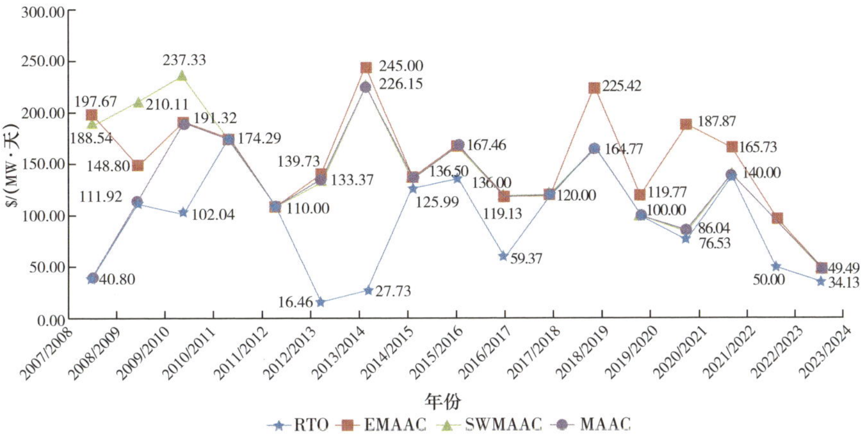

图6–29 RPM容量市场一级市场出清价格走势

PJM容量市场中，LSE通过容量市场获得容量义务的比例达75%，2015年以来平均系统备用容量裕度为19.64%。从容量资源结构来看，PJM容量资源供应以存量机组为主，新建机组占比较小，容量电价主要用于补贴存量机组沉没成本；供应主体以发电侧资源为主，弹性需求与能效资源占比约为10%；以燃气发电为主，累计新增发电容量中燃气发电占比超过50%，新建发电资源中燃气发电占比接近九成。从出清价格看，市场出清价格远低于新进机组净成本，在保持系统可靠性的同时，为电力用户节省了大量成本。

综上所述，PJM基于系统可靠性标准综合评估系统容量要求，对于区域内容量资源供应商，PJM规定其必须通过市场化手段将容量卖出，从而形成市场供给；而对于负荷服务商，PJM则要求将容量责任分摊至各负荷服务商并规定其必须购买相应容量，从而形成市场需求。PJM作为运营商，通过提高服务质量维持系统安全性与市场主体经济性的平衡，减少负荷服务商等主体交易成本，以此吸引市场主体积极参与RPM市场。

PJM容量市场聚焦于反映系统可靠性价值，旨在以最小成本实现期望的系统可靠性要求，在市场主体范畴上，PJM将风电、光伏等可再生能源纳入容量市场中，通过设置“可信容量”等方式基本实现了不同类型发电资源在容量市场中的同台竞争。

6.3 德国

6.3.1 基本情况

德国地处欧洲中部，是欧洲第一大经济体，自20世纪90年代起，德国开始推行能源转型政策，目前可再生能源装机已超过50%。德国共有4家输电企业（TenneT、50Hertz、Amprion和Transnet BW）及近800家配电企业，以380~400kV输电线路作为网络主干，辅之以220~275kV输电线路作为支撑。由于德国新能源装机容量较大，风、光出力波动明显，除了依靠本国硬煤、燃气发电调节外，还与很多邻国进行电力交互实现调剂运行。

截至2022年8月31日，德国总装机容量约为238.78GW，其中光伏62.98GW，占比26.38%；风电65.08GW，占比27.26%。2021年，德国总发电量为4923亿kWh，其中光伏发电约484亿kWh，占比9.83%；风力发电约为1135亿kWh，占比23.06%；水电发电量为194亿kWh，占比3.94%；生物质发电量为430亿kWh，占比8.73%；核电发电量为654亿kWh，占比13.28%；燃煤发电量为1454亿kWh，占比29.54%；燃气发电量约为510亿kWh，占比10.36%。2021年德国负荷为5040亿kWh，同比增长6%。

6.3.2 市场及定价机制

2016年起，德国政府实行了自20世纪90年代以来的最大规模电力市场化改革，并通过了《电力市场法》。在该法案中德国提出了“容量备用”的概念，指的是当在电力批发市场或调频市场上没有充足的供应、无法满足全部需求时，为确保电力供应安全所需的额外的容量资源。容量备用资源包括发电机组、储能、需求侧响应资源等，被系统运营商所调用，独立于市场之外另行结算。

随着德国能源结构转型的持续推进、新能源占比的持续增加以及核电的逐步退出，为在实现“2050年达成可再生能源在终端能源消费中份额提高至80%”转型目标的同时保障系统供应安全，德国逐步引入战略备用机制。2016年7月4日，德国向欧盟委员会提交了采购战略备用的申请，2018年6月15日，欧盟委员会正式批准德国关于引入战略备用机制的申请，并明确该机制的有效期为2019年10月1日至2025年9月30日。

6.3.2.1　市场结构

在战略备用机制中，德国系统运营机构通过招投标等方式额外采购一部分备用容量，并决定哪些主体能够在未来交付期内具备提供战略备用的能力，以供系统出现紧急情况时调用。战略备用机制独立于现有电力市场体系，以最小化对电力市场的可能影响，已计划退役关停的德国燃煤电厂、燃气电厂、未参与市场化交易的储能设施、可再生能源等主体均可参与战略备用投标，德国系统运营机构可能不需要立刻启用这些机组，但仍需要向其支付年度报酬以使其维持待命状态，签订战略备用协议的机组通常不参与电力市场交易。德国系统运营机构通过过网费等方式将战略备用成本传导至终端电力用户，备用容量被调用时产生的发电成本将提供额外补偿。

战略备用在两种情况下会被调用：一种是日前市场上的价格超出某个阈值，此时的调用称之为“经济型调用”；另一种是系统中有潜在的失负荷风险，此时的调用称之为“技术型调用”。为尽可能减少对电力市场的干预，德国目前以技术型调用为主。

6.3.2.2　运作流程

1. 战略备用容量主体

德国参与战略备用的容量必须满足规定的某些技术要求，包括：

（1）通过不超过两个变电站连接到德国联邦区域内超高电压等级电网；

（2）冷态发电机组的启动时间不超过12小时；

（3）对于在最小负载状态下运行的发电机组，能够在15分钟内调整达到至少30%的备用功率；

（4）满足输电系统运营商（TSO）定义和发布的“提供平衡能量的备用供应商的信息技术最低要求”；

（5）发电厂的最小载荷不得超过投标容量的50%；

（6）可控负荷持续不间断的功耗水平至少相当于投标容量；

（7）对于可控负荷，仅允许在平衡市场中未获取任何收益或者在过去3年中没有通过输电系统运营商的可中断负荷合同获取任何收益的可控负荷参与；

（8）其他关于排放指标、负荷特性等方面的规定。

2. 容量充裕度评估

在容量充裕度评估上，德国目前主要采用概率性分析方法，将天气、机组停机、传输阻塞、需求曲线等因素及其之间的相互影响纳入考虑范围，通过历史数据模拟尖峰负荷、可再生能源发电机组等运行过程，计算得出对应的状态及发生概率，用以反映可再生能源等主体的波动性、间歇性，同时一定程度上兼容可能发生的小概率事件。

评估过程中所涉及的参数如图6–30所示，主要包括：

1）可靠可用容量。考虑到可能导致机组停运的潜在要素，包括机组检修、因燃料短缺或极端天气因素等导致的非计划停运、辅助服务储备预留容量等，从总装机容量中扣除此部分不可用容量后获得可用容量。

2）峰值负荷。预测德国境内年度最高负荷水平。

3）需求侧响应潜力。即负荷侧能够用于削减或调整的容量（或需求侧响应的调度潜力）。

4）容量需求。年度峰值负荷水平下，可靠可用容量与可用于用户侧削减负荷的需求侧响应资源容量的差值。

5）剩余容量（或边际容量）。年度峰值负荷水平下，可靠可用容量与因需求侧管理而减少的负荷间的差值。

在评估方法上，主要包括如下几种：

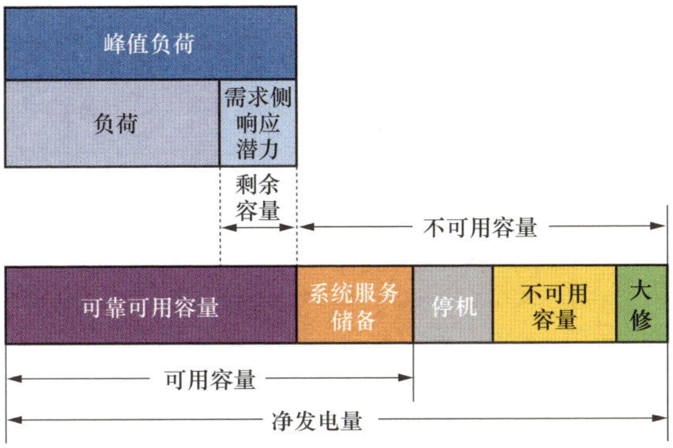

图6-30　德国输电系统运营商的电力平衡估算方法

资料来源：Consentec，r2b能源咨询公司（2015年）. 德国及其邻国的系统充裕性：跨国监测和评估[1]。

（1）容量充裕度跨国评估方法。基于概率性的跨境容量评估方法，重点考虑系统运行随机性、跨境电力交易影响以及传输容量限制，评估对象覆盖德国本土及其相邻国家。评估所涉及数据包括可再生能源发电装机容量、峰值负荷、传统发电企业等，评估参数为对应地理范围内的可用容量规模能够满足负荷需求的概率（Load Balance Probability，LBP）。通过开展考虑时间耦合的随机模拟，对各类发电及负荷场景进行量化建模，用以分析传统发电机组或其他容量资源（包括需求侧管理、储能、跨境容量等）能否满足容量需求。在模拟过程中，会考虑天气条件、机组停机或输电线路阻塞等因素产生的影响，同样也将抽蓄机组的时间耦合约束、水文约束、水电梯级约束、水电库容约束等约束条件纳入考虑。总体步骤如图6-31所示：

步骤1：输入包括发电、负荷运行场景等系统评估参数；

步骤2：构建三类典型时间序列，基于历史负荷与天气数据信息，面向不同预测标的年（如2025年）对每个国家的容量需求和可再生能源发电水平情况开展模拟；

[1] https://www.bmwi.de/Redaktion/DE/Downloads/V/versorgungssicherheit-in-deutschland-und-seinen-nachbarlaendern-en.pdf?__blob=publicationFile&v=3

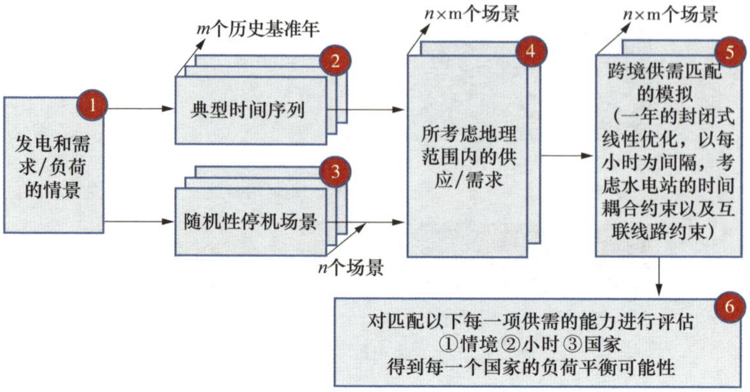

图6-31　德国容量充裕度跨国评估步骤

步骤3：面向预测标的年，预先配置333个随机性停机场景，每一个场景包括机组发电量水平、机组停运发生概率等；

步骤4：将步骤2中的三类典型时间序列和步骤3中的333个随机性停机场景进行组合，获取每一预测标的年的999个供需场景；

步骤5：将上述获得的供需场景作为输入数据开展跨境供需匹配模拟，判断在上述所有999个场景下容量资源是否能够在任何时间下满足负荷需求；

步骤6：计算预测标的年满足负荷需求的概率（LBP）。该指标用于表征容量资源能够在特定时间点满足负荷需求的可能性。

（2）基于可靠性指标的容量充裕度评估模型。该模型主要通过评估电力不足概率等指标确定德国供电安全水平。相较于前文提及的容量充裕度跨国评估方法，该模型的评估参数有所不同，包括预测标的年从3年拓展到5年、构建了5类典型时间序列形成1750个供需场景等。所涉及的评估指标包括：

1）电力不足概率，指发电系统的可用容量不能满足系统年最大负荷需求的概率；

2）缺电时间期望，指给定时间内系统不能满足负荷需求的小时或天数的期望值；

3）电能不足期望（Expected Energy Not Served，EENS），表示电力系统由

于机组受迫停运而造成的对用户少供电能的期望值。电能不足期望值综合表达了停电次数、平均持续时间和平均停电功率；

4）系统平均停电持续时间（System Average Interruption Duration Index，SAIDI），表示每个由系统供电的用户在一年中所遭受的平均停电持续时间；

5）市场平均停电持续时间（Power Market SAIDI），表征市场环境下通过负荷转移、削峰填谷等措施造成的电力用户的负荷损失；

6）跨境输入对保障供应安全的贡献（Contribution of Imports to Ensure the Security of Supply），表征跨境电力交易对保障供应安全的影响。

自2021年初，德国联邦经济与能源部（BMWi）将供电安全评估责任移交至德国联邦网络安全局（BNetzA）。德国联邦网络安全局基本沿用德国联邦经济与能源部的评估方法，同时将国家层面的能源结构转型等因素纳入考虑。评估模型如图6-33所示，包括如下组成部分：投资模型、供应安全模型和电网模型。

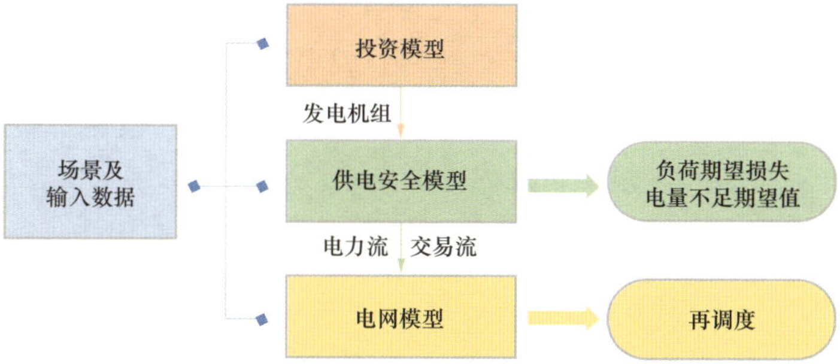

图6-33 德国联邦网络安全局容量充裕度评估模型

在量化指标方面，德国联邦网络安全局基本沿用德国联邦经济与能源部的评估指标，主要为电力不足概率以及电能不足期望，并将可靠性标准LOLP值设为0.06%，对应于每年5小时的LOLE。

在实施容量规模需求评估过程中，根据德国联邦经济与能源部所预计的“合理最坏情况场景”，德国决定在2019—2025年期间，暂将战略备用容量上限设置为2GW，可见该数值低于德国装机容量的10%。

3. 容量采购流程

在采购流程中，德国致力于确保透明、竞争性和非歧视性地确定容量储备资源。德国输电系统运营商通过竞争性招标方式购买战略备用容量。如前所述，当前计划采购的容量规模不超过2GW，未来将根据更新计算结果定期评估系统所需容量储备。

德国的容量采购方式以拍卖为主，容量拍卖一般在交付期开始前至少18个月进行，每2年采购一次。输电系统运营商至少提前3个月公布有关招标的信息，包括拍卖日期、合同总容量、参与招标容量的技术和形式要求、交付截止日期和投标价格上限等。市场参与者根据相关要求提交可提供的备用容量（MW）和单位容量投标价格，并声明其满足上述参与容量备用采购的基本要求。输电系统运营商根据投标价格按照升序排序，直到满足采购所需目标容量。中标容量将自交付期起作为战略备用容量2年，2年期满后可以再次参与后续阶段的投标。

4. 容量可用性测试及违约惩罚

容量交付期前，输电系统运营商将会对战略备用容量进行可用性测试，确保其实际满足参与要求。为此将会在提前协定的日期启动全部备用容量至少12小时。此外，在容量交付期内，输电系统运营商每年至少进行一次、至多进行两次时长为12小时的容量测试调用，以检验其容量可用性。

交付期内，需要及时通知输电系统运营商，备用容量只允许1年内存在总持续时间不超过3个月的不可用情形（包含计划内和计划外不可用）。其中，在前1年的7月31日之前通知相关输电系统运营商的情况视为计划内不可用，晚于截止日期的不可用性为计划外不可用。若战略备用容量未按要求履行合同约定义务，将会受到相应处罚。

5. 容量启动与调用

当市场需要额外的容量时，德国才允许输电系统运营商启动战略储备容量，触发条件包括：

1）日前市场的最后一次拍卖无法出清，即在给定价格上限水平下供给无法满足需求；

2）日内市场首次拍卖无法出清；

3）日内市场连续交易中，达到价格上限水平的15分钟公开招标需求在1小时内未完成。

容量启动过程中，被启动机组的最小出力限制将会造成其他运行电厂的出力计划调整，受影响的电厂将会得到相应补偿。

当德国输电系统的安全可靠运行面临风险，且已经采取所有电网相关措施和所有市场相关措施时，输电系统运营商才能调用战略备用容量，以尽可能减少对于平衡市场中价格信号的影响。容量调用最多可持续12小时，两次调用之间必须间隔至少6小时。

6. 容量费用结算

战略备用容量每年容量费用采用边际价格结算，即由供应商中标容量乘以拍卖时最高中标容量价格得到。容量费用包含功能测试、测试调用以及不超过16次的容量启动或调用费用。此外，还可以向输电系统运营商提出额外的费用申请，比如超过补偿数量的容量启动或调用费用、根据输电系统运营商要求安装黑启动装置的费用、根据输电系统运营商要求提供无功的费用以及平衡系统所需能量费用。

一般而言，若系统平衡责任方（Balancing Responsible Party，BRP）未调用容量备用，则购买战略储备容量费用由所有用户通过输配电价分摊。在使用备用容量的情况下，导致系统不平衡的BRP将分担相关费用。平衡能量短缺的BRP需要为增加的系统不平衡结算价格支付至少为日内市场价格上限2倍的费用（当前约为20000€/MW）。扣除了BRP支付相关费用后，剩余战略备用容量费用通过输配电价分摊给用户。

6.3.3 应用成效及小结

2017年以来，德国输电系统运营商陆续采购从2018/2019年冬季开始的、交易标的期限为2年的容量备用，首个交付期为2020年10月1日至2022年9月30日。在第一次也是截至目前唯一的战略备用招标过程中，德国中标容量标的仅有1.056GW（以燃气机组为主），剩余标的均因不符合资格而流标。经ENTSO-E评估表明，德国电力系统目前可靠性水平相对良好，预计在2030年之前能够维持相对稳定可靠的运行状态。此外，考虑到近几年天然气供应紧缺、干旱、法国核电机组停运等严峻的外部环境，德国同时也开始着手启动煤炭储备以应对危机，并计划于2023年4月前，在德国南部投建两台核电站以进一步提高发电容量充裕性。

不同于世界其他各国容量保障机制，德国战略备用机制具备独有特点，在契合德国特有国情基础上，对提升供应可靠性具有积极意义，但也存在推广应用上的局限性。

（1）战略备用机制实施相对便利，能一定程度上发挥保障系统安全稳定运行的作用。战略备用机制备用容量采购规模普遍较小，补偿对象数量相对较少，采购成本相对较低，相较于容量直接补偿机制、容量市场机制等，能够在保障系统安全的同时一定程度上降低机制的设计成本和运营成本。

（2）战略备用机制难以提供长期投资激励，一般为短期过渡机制，适用于退役机组较多的地区。战略备用机制仅对小部分存量机组给予补偿，其主要目的是为了保障系统安全而非鼓励长期投资，因此多适用于地区能源结构转型过程中的临时过渡，如德国为实现气候目标淘汰大量燃煤机组而造成的短期系统安全问题。同时，由于战略备用机制的采购对象一般为退役或是待退役机组，适用于有较多退役机组的地区。

（3）战略备用机制可能在一定程度上影响市场价格信号。主流的单一电能量市场机制基于发电机组的短期变动成本确定出清顺序安排，然而由于需要提前预留部分容量不参与市场化交易，使得被纳入战略备用的市场主体独立于现有的市场规则体系，可能产生社会福利损失等影响。

7 我国电力容量充裕度保障机制设计

7.1 总体思路

在供应充裕且竞争充分的电能量市场中，市场价格将由边际机组的边际发电成本决定，这也就意味着经常承担边际机组角色的化石能源发电无法回收前期固定资产投资。国外典型电力市场主要通过稀缺定价、容量直接补偿、容量市场等机制来解决这一问题。

稀缺价格机制社会接受难度较大，该机制意味着在电力供应短缺时段市场价格可以飙升至平时的数百倍，要求社会公众要有较强的电力价格波动承受能力，采用稀缺价格机制还意味着电力供需将长期保持紧平衡状态，供应短缺可能周期性出现，也容易导致市场力滥用与价格操纵，引发市场稳定风险等。综合来看，在我国实施稀缺定价机制难度较大，某种意义上也与国情不符。

容量直接补偿机制操作简便，可作为过渡性措施解决我国不同类型电源协调发展问题。容量直接补偿机制基于行政定价形成补偿标准，虽然存在补偿标准合理性难以界定的问题，但能便利地实现对机组固定成本进行补偿，保障其可持续运营能力。在市场建设初期，以容量直接补偿方式解决高成本机组可持续运营问题是较为可行的选择。探索设计符合我国具体国情特点，且具备较强适应性的容量直接补偿机制是当前深入推进电力市场化改革的迫切要求。

容量市场机制能实现供应安全和经济性兼顾，可作为我国电力容量充裕度保障机制建设的目标模式。通过在容量资源配置中引入市场竞争，容量市场机制既有利于对电源投资形成稳定激励，保障容量供给充裕性，也有利于实现增量容量资源的优化配置，提高容量供给的经济性。容量市场机制设计相对复杂，对市场运营机构相关能力要求相对较高，可作为我国未来电力容量充裕度保障机制建设的目标模式。随着能源电力绿色低碳转型发展，传统电力市场体系包括容量市场机制在内都面临适应性难题，探索设计满足推进新型电力系统建设要求的新型容量市场机制是当务之急。

7.2 差异化容量直接补偿机制设计

容量直接补偿机制实施较为便利，可作为过渡性措施保障容量供给安全，国内多地就发电容量充裕度保障机制已经开展了有益的探索，取得了良好的成效。然而随着新能源大规模发展，各地区电源结构趋于复杂化是大势所趋，应充分考虑不同类型机组建设成本差异，创新建立差异化容量直接补偿机制。

7.2.1 设计思路

以促进市场良性竞争、尽量减少对电能量市场影响为原则，通过对比各类机组的可持续运营成本与相应市场收入估算（包括中长期、现货以及辅助服务等市场），得到各类机组的成本回收差额并进行差异化补偿，具体由政府相关部门或电力交易中心组织测算容量补偿总费用及用户侧分摊标准，以解决市场竞价环境下各类高成本机组的前期固定成本回收问题。差异化容量直接补偿机制思路如图7-1所示。

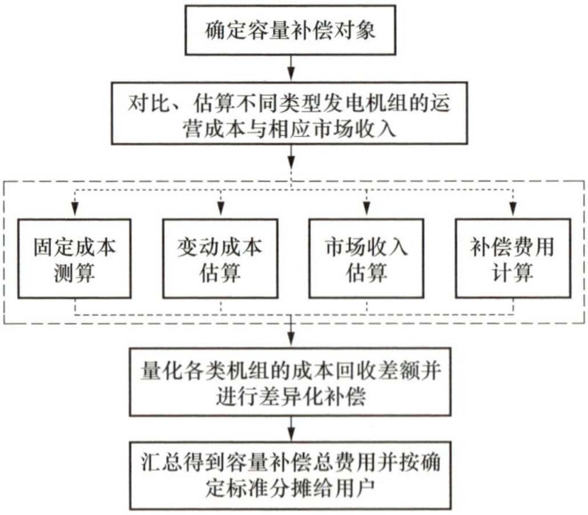

图7-1 差异化容量直接补偿机制思路

7.2.2 实施方案

差异化容量直接补偿方案主要包括补偿对象确定、补偿标准核算、补偿费用分摊以及补偿费用动态调节等关键环节。

1. 确定容量补偿对象

容量补偿对象可以是参与市场化交易的各类型机组，包括燃气机组、燃煤机组、核电机组等类型。各省（区）可根据本地电力市场实际建设及补偿需求情况，确定补偿对象所涵盖的机组类型，比如对山东、浙江、广东等而言，突出矛盾是煤电、气电同台竞价带来气电可持续运营问题，则可将气电纳入补偿；对云南等而言，主要是煤电等化石能源与可再生能源协同运行问题，则可将煤电纳入补偿；另外也可以同时将多种类型电源同时纳入范畴，进行差异化补偿。

2. 计算容量补偿标准

遵循科学性、便利性、前瞻性原则，同类机组按统一补偿标准核定，根据市场条件变动情况可选择1～3年为一个容量补偿周期。补偿标准核算主要步骤包括：

（1）固定成本测算。基于该类型机组历史数据行业信息统计，将该类机组平均的单位容量固定投资折旧、单位容量年固定运行成本等累加，即可得到该类机组的单位容量固定成本。

（2）变动成本估算。基于该类机组的预期出清电量以及燃料成本估算等，可估算并得到该类机组折算到单位容量的变动成本。

（3）市场收入估算。综合各市场（包括中长期、现货、辅助服务市场等）历史运行数据以及补偿周期市场模拟运行结果等，可得到该类机组的预期出清电量、出清价格等，再折算单位容量的年市场收入。

（4）补偿费用计算。根据该类机组的固定成本、市场收入估算以及变动成本等，可计算得到该类机组的容量补偿费用，具体计算如下：

机组容量补偿费用=（单位容量的固定成本+单位容量的变动成本−单位容量的市场收入估算）×机组容量×补贴因子

式中：补贴因子（≤1）可根据各省区市场实际情况，基于用户价格承受能力、投资激励需要等，在一定范围内进行调整。

3. 用户侧容量补偿费用分摊

由于容量补偿是提高系统整体供电能力的需要，因此发电机组容量补偿费用应分摊至所有用户。在分摊方式上，可按电量或容量进行分摊，分摊价格计算过程如下：

用户容量补偿分摊价格=机组容量补偿总费用×用户电量占总用电量比重（或系统峰荷情况下用户功率占比）

4. 容量补偿费用动态调节机制

容量补偿费用动态调节机制可包括长期调节和短期调节。长期调节主要是为了反映机组固定成本受技术进步、原材料价格、国家政策等因素的影响，确保将容量补偿标准维持在合理水平。短期调节主要是为了在现阶段减轻用户用电风险，保障电价水平总体基本稳定。在执行过程中，可考虑采用如下方式：按月计算售电公司现货均价和容量补偿度电分摊，当两者之和超过一定限值时，调整机组单位容量补偿标准，确保售电公司现货均价和容量补偿度电分摊之和不超过用户侧可承受范围。

7.2.3 应用前景

相对现有直接补偿机制而言，差异化容量直接补偿机制具有诸多应用优势：①充分考虑了不同类型机组成本特性差异，能广泛适应不同应用场景，可满足全国范围内系统特性各异的各地区差异化要求，具备较好的空间适应性；②通过建立标准化的容量补偿测算办法，可实现对各类机组补偿的动态化调整，具备较好的时间适应性。

7.3 面向新型电力系统的新型容量市场机制设计

从容量市场建设实践来看，为了提供相对稳定的收益信号，以保障电力长期充裕供给，目前包括英国、美国PJM和美国新英格兰区域等在内都已建立起配套的容量市场机制。然而，英国、美国现有容量市场机制虽然解决了当地的容量供给保障问题，但仍存在对风、光等可再生能源发展兼容性不足，难以适应我国跨省区大范围资源优化配置需要等适应性问题。从容量市场理论研究来看，当前学术研究大多从保障中长期容量充裕度、激励电源有效投资等方面出发，在技术层面对容量市场的部分执行环节加以陆续完善，然而现有容量市场研究较少涉及兼容面向未来能源清洁低碳转型等多目标需要，适合我国国情特点的容量市场解决方案更是缺乏。

7.3.1 设计思路

面向未来能源清洁低碳安全高效转型发展要求，着眼于解决能源“不可能三角”协调问题，本章节提出一种新型的容量市场设计方案。该方案基于传统容量市场机制进行模型和流程优化，通过在市场出清模式中创造性地引入能源发展约束，可有效兼顾保障供给安全、经济成本发现、推动绿色转型等多政策目标调控需要，便利地解决能源安全经济绿色发展协调问题。新容量市场机制方案遵循系统性、便利性、前瞻性和激励相容设计原则。

1. 系统性原则

渐进探索式改革往往存在机制缺陷，而查漏补缺“创可贴式”的机制设计常导致规则冗余复杂、运行效率低下等问题，本研究从顶层设计入手，以一体化思路重构市场体系，实现对其他补充规制政策的有效替代。

2. 便利性原则

通过建构新型容量市场机制，实现对安全、经济和绿色能源发展目标的统筹协调，避免多政策调控条线的相互冲突，便利地实现多政策目标的协同调控。

3. 前瞻性原则

机制方案设计既要考虑当前风、光等绿色能源仍不具备完全市场竞争力的现状，需要以保底线方式去扶持发展，同时也能兼顾到风、光、储等成本持续下降，未来甚至具备绝对市场竞争优势的前瞻发展需要。

4. 激励相容原则

在风、光等绿色能源不具备完全市场竞争力下，保底机制应能保障提供充足的扶持发展资金，但同时又不至于形成过度激励，在相关发电成本动态变化情况下，仍能形成政策约束条件下的最优化供给方案。

7.3.2 实施方案

以英国、美国PJM等为代表的容量市场机制一般只考虑固定时段峰值容量需求及供给平衡保障，难以适应内部存在明显错峰特性和输电阻塞的更大区域市场应用。另外，现有容量市场中对风、光等新能源处理过于简单，往往直接进行出力打折甚至无市场准入资格，无法引导新能源健康有序发展。依据前述原则，借鉴成熟容量市场的基础框架，通过引入电源规划思路，建立覆盖目标年全时段的电力负荷需求和电力供给模型，并在市场出清模型中创新引入能源发展约束，以构建起兼容多目标调控需要的新型容量市场机制。

1. 总体流程

新型容量市场的具体执行流程如图7–2所示，具体可划分为以下步骤：

步骤一：市场开启前，由政府机构会同系统运营机构等形成目标年预测系统负荷曲线，结合转型调控政策需要确定能源发展约束指标，结合供给安全需要确定备用系数等；

步骤二：市场开启后，市场运营机构公布系统负荷曲线、能源调控目标、可靠性备用需求、系统网络约束等，市场成员上报机组类型、位置信息、出力特性、容量报价等；

步骤三：市场运营机构根据市场成员上报信息，结合负荷需求、能源发展约束、系统运行约束等，基于市场出清模型，进行容量市场集中优化出清；

步骤四：市场运营机构将出清结果，包括市场各成员中标容量和中标价格等信息，反馈给各市场成员，完成首次竞价；

步骤五：在容量交付年前，由市场运营机构适时组织若干次追加竞价市场，基于系统增量或调整需求，市场成员可以进行多次追加竞价，市场运行过程与步骤二至步骤四大致相同，竞价结果滚动更新发布；

步骤六：从交付时间开始，对合约期（1年、若干年或长期等）内中标容

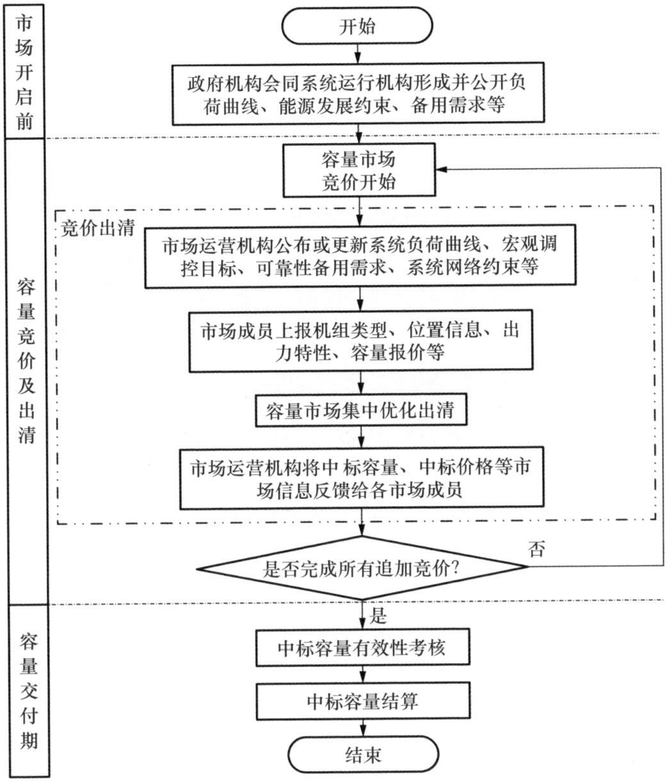

图7-2　新型容量市场的总体流程

量有效性进行考核，根据中标价格与市场成员进行中标容量结算。

2. 负荷曲线确定

新型容量市场覆盖范围可以是包含多省区的区域范围，也可以覆盖全国范围。系统目标年负荷曲线预测方法已相对成熟，这里仅给出其中一种确定方式：

（1）基于各省（区）近若干年的历史负荷，经分析预测可获得目标年典型日负荷特征曲线、月度负荷特征曲线等；

（2）分析预测各省（区）目标年的最大负荷值，结合前述负荷特征曲线预测，可获得各省（区）目标年负荷曲线；

（3）将多省（区）目标年负荷曲线分时点进行累加，可获得区域范围或全国范围的系统目标年负荷曲线。系统负荷曲线形成过程如图7–3所示。

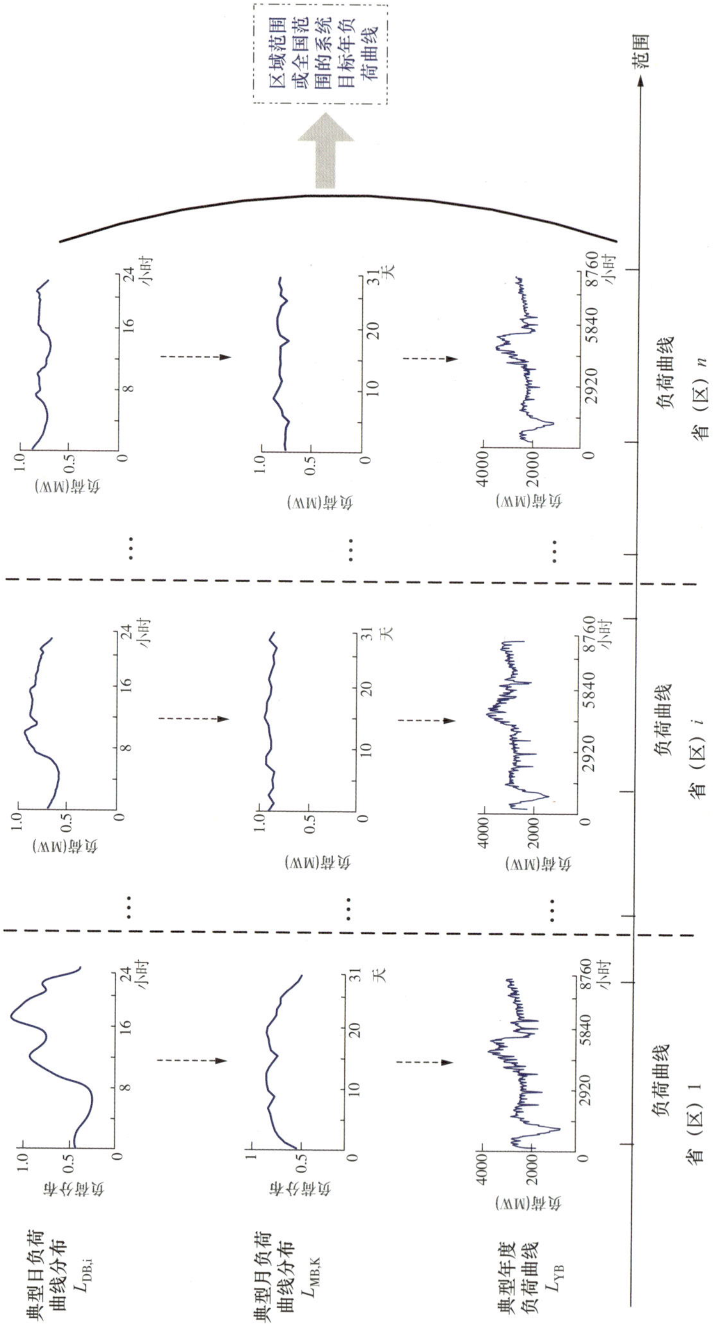

图 7-3 系统负荷曲线形成过程

系统负荷水平与经济发展等复杂因素相关，在容量交付年之前可根据实际情况进行滚动调整修正，并通过追加竞价市场进行响应。

3. 市场竞价交易

为适应负荷预测修正等变化，可采用类似美国PJM容量市场的多轮竞价模式，包括首次竞价、若干次追加竞价、双边转让交易等。多轮竞价市场的时间流程如图7–4所示。

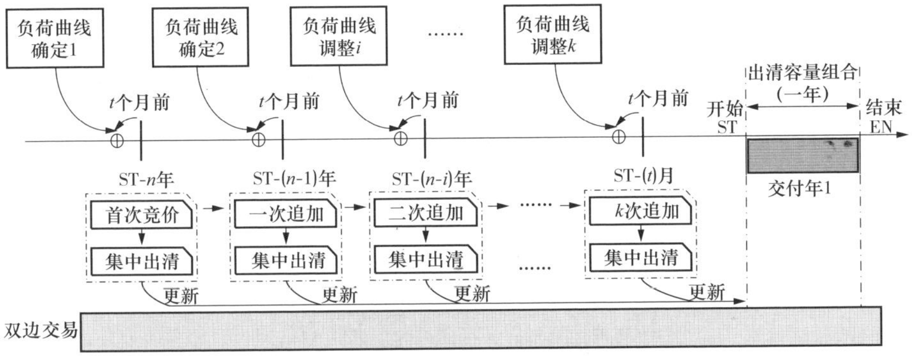

图7–4　容量市场竞价流程示意图

在容量交付起始年之前若干年的某月（如美国PJM为提前3年的5月）进行首次容量竞价，之后再适时开展多场追加容量竞价。

所有类型机组都可参与新型容量市场，包括燃煤、燃气、水电、抽蓄、核电、风电、光伏等。此外，根据需要还可以允许其他储能、需求侧响应资源等参与市场。市场成员将基于容量投建成本及预期电能量市场收益等申报容量价格。此外，报价信息中还应包括机组类型、机组位置分区，以及机组出力特征数据等。

首次竞价、多轮追加竞价等环节竞价过程类似，在容量资源供应商提交申报曲线后，根据系统负荷曲线（或调整需求曲线）进行集中优化，得到不同区域容量资源供应商中标容量及出清价格。

4. 市场出清、交付校核和结算

基于系统负荷曲线、容量资源报价及出力信息等输入，将系统网络约束、机组运行约束、能源发展约束等纳入考虑后，以目标年系统总成本最小化为目标，进行线性规划的优化求解，即可得到最优容量出清方案、出清价格、系统费用等结果。

在经过资源有效性验证及定期考核后，可由交易机构或其他第三方结算机构根据市场出清价格，按期向各容量资源供应商支付容量费用。该容量费用可以分省区或价区，按高峰负荷占比等原则分摊给电力用户。

7.3.3 出清模型

新型容量市场出清模型在数学层面可归结为在满足所有约束条件下，使得容量交易标的年T内系统总费用（包含容量费用和系统运行费用在内）最小化的优化问题。

1. 目标函数

新型容量市场出清模型的目标函数为：

$$\text{Min}\ \vartheta=\sum_{i=1}^{N}C(P_{\mathrm{c},i,T})+\sum_{i=1}^{N}\sum_{t=1}^{t_n}E(P_{\mathrm{e},i,t}) \tag{7-1}$$

式中：N为容量资源数；T为交易标的年；t_n为交易标的年内所划分的最小时间间隔数（一般可选择为1小时）；$C(P_{\mathrm{c},i,T})$表示容量资源i在交易标的年T内的系统容量费用；$E(P_{\mathrm{e},i,t})$表示容量资源i在交易标的年T内t时段的系统运行费用；$P_{\mathrm{c},i,T}$表示容量资源i在交易标的年T内的中标容量，其值为单台机组容量的整数倍关系；$P_{\mathrm{e},i,t}$表示运行层面容量资源i在交易标的年T内t时段的出力水平。

考虑到机组投产建设周期以及参考美国PJM、英国等成熟容量市场实践经验，可选择提前3、4年或多年对交易标的年开展首次容量竞价交易，一般应覆盖参与市场竞价电源的建设周期。目标函数可选择将全部省（区域或价区）纳入统一优化出清，优化范围为全区域的全局优化。各类型机组的容量申报价格由容量资源按单台机组进行申报，而各类型机组的运行费用则由政府或政府授权委托的第三方，结合历史运行数据等进行审慎评估后得到。容量市场结合容量申报价格、机组运行评估费用，基于出清约束条件等进行集中优化出清。

2. 能源发展约束

能源发展约束可以表征为容量资源结构约束、排放约束等形式，并覆盖全域和各内部分区。

覆盖全域的容量资源结构约束可表示为：

$$\frac{1}{\sum_{n=1}^{N} P_{\mathrm{c},n,T}} \begin{bmatrix} \sum_{m\in\alpha_1} P_{\mathrm{c},m,T} \\ \cdots \\ \sum_{j\in\alpha_i} P_{\mathrm{c},j,T} \\ \cdots \\ \sum_{k\in\alpha_N} P_{\mathrm{c},k,T} \end{bmatrix} \geqslant \begin{bmatrix} \varPhi_{\alpha_1,\min} \\ \cdots \\ \varPhi_{\alpha_i,\min} \\ \cdots \\ \varPhi_{\alpha_N,\min} \end{bmatrix} \tag{7-2}$$

式中：$\sum_{j\in\alpha_i} P_{\mathrm{c},j,T}$表示所有属于类型$\alpha_i$的容量资源$j$在交易标的年$T$的中标容量；$\varPhi_{\alpha_i,\min}$表示容量资源类型$\alpha_i$的最小结构性容量占比。

容量资源结构约束的含义为各类容量资源提供者的容量供应最低占比，其既可按照化石、非化石能源分类确定比重，也可考虑进一步细分为风电、光伏、水电等发电容量资源。

与此同时，可根据需要适时增加分区结构约束：

$$\frac{1}{\sum_{n=1}^{N^z} P^z_{\mathrm{c},n,T}} \begin{bmatrix} \sum_{m\in\alpha_1} P^z_{\mathrm{c},m,T} \\ \cdots \\ \sum_{j\in\alpha_i} P^z_{\mathrm{c},j,T} \\ \cdots \\ \sum_{k\in\alpha_N} P^z_{\mathrm{c},k,T} \end{bmatrix} \geqslant \begin{bmatrix} \varPhi^z_{\alpha_1,\min} \\ \cdots \\ \varPhi^z_{\alpha_i,\min} \\ \cdots \\ \varPhi^z_{\alpha_N,\min} \end{bmatrix} \quad \forall z \tag{7-3}$$

类似式（7–2），$\sum_{j\in\alpha_i} P^z_{\mathrm{c},j,T}$和$\varPhi^z_{\alpha_i,\min}$则分别表示区域$z$所有属于类型$\alpha_i$的容量资源$j$在交易标的年$T$的中标容量以及对应的最小结构性容量占比。

除容量资源结构占比约束外，还可构建基于排放情况的全系统（或分区）排放约束指标，如下式所示：

$$\Phi(\sum_{j\in\alpha_i} P_{c,j,T}) \leqslant \varphi_{\alpha_i,\max} \tag{7-4}$$

$$\Phi(\sum_{j\in\alpha_i} P^z_{c,j,T}) \leqslant \varphi^z_{\alpha_i,\max} \forall z \tag{7-5}$$

式（7–4）所表征的含义为：针对α_i类容量资源，考虑其排放特性，对其容量$\sum_{j\in\alpha_i} P_{c,j,T}$相应设置排放上限$\varphi_{\alpha_i,\max}$；式（7–5）中$\sum_{j\in\alpha_i} P^z_{c,j,T}$以及$\varphi^z_{\alpha_i,\max}$体现了对区域$z$内$\alpha_i$类容量资源的排放约束。

3. 系统运行约束

在系统运行层面，市场出清模型还需要满足标的年系统电力电量平衡约束、网络传输约束等。

（1）电力电量平衡约束

$$\begin{cases} \sum_{i=1}^{N^z} P_{c,i,t}\eta(P_{c,i,t}) + \sum_{j\in\{\Omega_M \cap N^z\}} M_{c,j,t} \geqslant (1+\mu^z_T)\sum_{k=1}^{N^z} D^z_{k,t} \forall t,z \\ \sum_{i=1}^{N^z}\sum_{t=t_0}^{T} P_{e,i,t} + \sum_{j\in\{\Omega_M \cap N^z\}} M_{e,j,T} \geqslant (1+\mu^z_{ET})\sum_{k=1}^{N^z} E^z_{k,T} \forall z \end{cases} \tag{7-6}$$

式中：N^z为区域集合；定义时段t表征容量资源符合的最小单位周期约束要求，且$t<T$；$P_{c,i,t}$表示时段t第i台发电机组的自然装机容量；$\sum_{k=1}^{N^z} D^z_{k,t}$为时段$t$区域$z$负荷侧总需求；$\mu^z_T$为区域$z$的最低容量备用系数；$\sum_{j\in\{\Omega_M \cap N^z\}} M_{c,j,t}$为在交易标的年$T$的区域$z$存量电源及区域外来电的容量总量；$\Omega_M$表征存量电源的集合；$\sum_{t=t_0}^{T} P_{e,i,t}$、$\sum_{j\in\{\Omega_M \cap N^z\}} M_{e,j,T}$和$E^z_{k,T}$分别表示交易标的年$T$内区域$z$第$i$台发电机组总发电量、存量机组（包括外来电）发电量和全年负荷电量；μ^z_{ET}为区域z的最低电能量备用系数；考虑到不同电源出力技术约束、检修安排等，采用$\eta(P_{i,t})$表示电源的可用容量系数，用于电力电量平衡中的折算。

（2）区域间断面输送能力约束

$$\underline{\boldsymbol{F}}_s \leqslant \boldsymbol{X}_{\mathrm{PTDF}} \cdot (\boldsymbol{P}_{e,t} - \boldsymbol{D}_t) \leqslant \overline{\boldsymbol{F}}_s \ \forall t \tag{7-7}$$

式中：$\underline{\boldsymbol{F}}_s$、$\overline{\boldsymbol{F}}_s$分别表示断面$s$的容量传输极限；$\boldsymbol{P}_{e,t}$和$\boldsymbol{D}_t$分别表示发电资源（包括

存量机组）向量和负荷向量；$\boldsymbol{X}_{\mathrm{PTDF}}$为直流功率传输分配因子（Power Transmission Distribution Factor，PTDF）。

4. 容量资源调度约束

（1）燃煤、燃气、核电机组出力约束

$$P_{\mathrm{e},i,\min}^{\mathrm{C}} \leqslant P_{\mathrm{e},i,t}^{\mathrm{C}} \leqslant P_{\mathrm{e},i,\max}^{\mathrm{C}} \quad \forall i, \forall t \tag{7-8}$$

式中：$P_{\mathrm{e},i,t}^{\mathrm{C}}$表示机组资源$i$在时段$t$的发电水平；$P_{\mathrm{e},i,\min}^{\mathrm{C}}$和$P_{\mathrm{e},i,\max}^{\mathrm{C}}$分别表示该类机组容量装机所能提供的发电上限和下限。

（2）水电机组出力约束。水电机组一般受上游流域降水等因素影响，其提供利用的水能有限，是典型出力受限的“限能机组”。假设其具有一定库容，则出力约束可表示为：

$$\begin{cases} P_{\mathrm{e},i,t,\min}^{\mathrm{H}} \leqslant P_{\mathrm{e},i,t}^{\mathrm{H}} \leqslant P_{\mathrm{e},i,t,\max}^{\mathrm{H}} & \forall i, \forall t \\ P_{\mathrm{e},i,t,\max}^{\mathrm{H}} = P^{\mathrm{H}}(Q_{i,t}, H_i) & \forall i, \forall t \end{cases} \tag{7-9}$$

式中：$P_{\mathrm{e},i,t,\max}^{\mathrm{H}}$取决于水文条件等环境因素，表示时段$t$机组的出力上限；$P_{\mathrm{e},i,t,\min}^{\mathrm{H}}$为机组的最小强迫出力。

（3）风电、光伏出力约束。风电、光伏具有较强的随机性和波动性，可基于历史数据评估得到出力参数纳入市场出清。以风电为例，可根据历史情况拟合获得出力概率密度模型$X \sim N(\mu_{\mathrm{W}}, \sigma_{\mathrm{W}}^2)$，进而确定置信度超过$p_{\mathrm{R}}$（可根据实际情况取值，如70%～90%）的最大出力$P_{\mathrm{e},i,t,\max}^{\mathrm{W}}$和最小出力$P_{\mathrm{e},i,t,\min}^{\mathrm{W}}$，如式（7-10）所示：

$$\begin{cases} P(P_{\mathrm{e},i,t}^{\mathrm{W}} \leqslant P_{\mathrm{e},i,t,\max}^{\mathrm{W}}) = p_{\mathrm{R}} \\ P(P_{\mathrm{e},i,t}^{\mathrm{W}} \geqslant P_{\mathrm{e},i,t,\min}^{\mathrm{W}}) = p_{\mathrm{R}} \end{cases} \tag{7-10}$$

可采用以下方式将风电出力参数纳入市场出清模型：①日负荷腰荷以上时段，将风电最小出力$P_{i,t,\min}^{\mathrm{W}}$纳入电力平衡；②日负荷腰荷以下时段，将风电最大出力$P_{i,t,\max}^{\mathrm{W}}$纳入调峰校核。光伏发电可类似处理，但腰荷以下时段可处理成零出力纳入调峰校核。另外，也可结合风电、光伏与负荷的实际耦合情况，构建纳入电力平衡和调峰校核的参数模型。

（4）连续开机持续时间约束。考虑到燃煤等机组的物理属性及实际运行要求，相关机组应满足连续开停机时间约束，该约束可表示为式（7-11）：

$$\begin{cases}\sum_{k=t-T_U}^{t-1}\alpha_{i,k}-(\alpha_{i,t-1}-\alpha_{i,t})T_U\geqslant 0\\ \sum_{k=t-T_D}^{t-1}(1-\alpha_{i,k})-(\alpha_{i,t}-\alpha_{i,t-1})T_D\geqslant 0\end{cases} \tag{7-11}$$

式中：$\alpha_{i,t}$为表征机组i在时段t启停的布尔变量；0为停机状态；1为开机状态；T_U和T_D为机组的最小连续开/停机时间。

（5）其他出清约束。除前述提及的约束条件外，根据需要还可以增加其他必要的出清约束。比如出于防范市场力等考虑，可在出清模型中，增加各类型机组的出清价格上限限制，该上限价格可基于该类型机组的新进入者成本等来考虑。

7.3.4 算例仿真

为验证所提新型容量市场机制有效性，下面基于所构建的容量市场模拟交易环境开展仿真计算。以某区域典型年度负荷曲线为基础，逐月选取典型日构建以小时为单位的典型日负荷曲线，模拟系统曲线的峰谷参数如表7–1所示。

表7–1　　模拟系统的典型日负荷曲线

月份	峰值（MW）	谷值（MW）	月份	峰值（MW）	谷值（MW）
1	228.26	183.34	7	330.05	130.45
2	241.62	138.15	8	322.39	214.53
3	300.55	186.63	9	282.60	189.76
4	268.47	181.75	10	219.16	169.32
5	187.55	138.23	11	318.44	216.20
6	265.61	182.15	12	316.52	213.60

从表中可以看出，所构建的典型日负荷最小负荷约为130MW，最大负荷约为330MW。为简化分析，在市场出清约束中仅考虑了日内最大负荷和最小负荷时刻运行约束要求（包括日内开机满足最大负荷供应、日内调峰运行要求且不考虑弃风或弃光调峰），未考虑其他系统运行约束；假定典型日峰谷负荷各持续时间为12小时，并基于该假设计算系统运行费用。假定系统中有燃

煤、燃气、风电、光伏四类机组参与容量市场竞价，同时假设所有电源能够平等参与电能量市场，并且基于固定成本回收、电能量潜在收益等进行容量报价。容量市场主体的基本参数如表7–2所示。

表7–2　容量市场主体基本参数一览

机组类型	P_{max}/P_c（%）	P_{min}/P_c（%）	单台最小容量（MW）	运行成本（¥/kWh）
燃煤	100	40	60	0.25
燃气	100	5	15	0.65
风电	70	20	1	0
光伏	70	20	1	0

1. 不同能源发展约束下场景对比

能源发展约束是所构建新型容量市场的关键约束之一，本节针对不同容量结构约束场景进行仿真模拟。即在当前容量市场机制下，交易机构根据市场成员的物理参数以及所申报的价格参数，结合容量结构等约束条件进行市场集中出清。在基准报价场景下，本节分别对容量结构约束变化场景进行仿真，容量结构约束场景列表如表7–3所示。

表7–3　能源发展约束变化场景

机组类型	申报场景（元/kW）	结构场景1	结构场景2（%）	结构场景3（%）	结构场景4（%）	结构场景5（%）	结构场景6（%）	结构场景7（%）	结构场景8（%）	结构场景9（%）	结构场景10（%）
燃煤	420	无	无	无	无	无	无	无	无	无	无
燃气	300	无	无	无	无	无	无	无	无	无	无
风电	867	无	≥5.0	≥8.9	≥12.5	≥17.1	≥20.3	≥23.7	≥26.5	≥32.1	≥34.3
光伏	664	无	≥5.0	≥8.9	≥12.5	≥17.1	≥20.3	≥23.7	≥26.5	≥32.1	≥34.3

分别针对风电或光伏单一类型机组结构约束变化场景和风电、光伏结构约束同步变化场景的情况开展仿真。不同类型机组基于差异化结构约束的容量市场出清结果如图7–5所示。

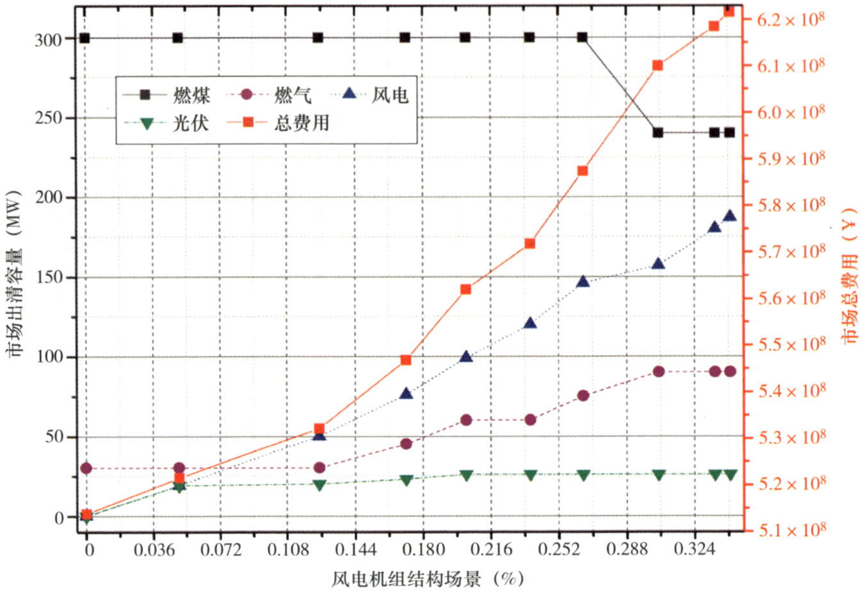

（a）

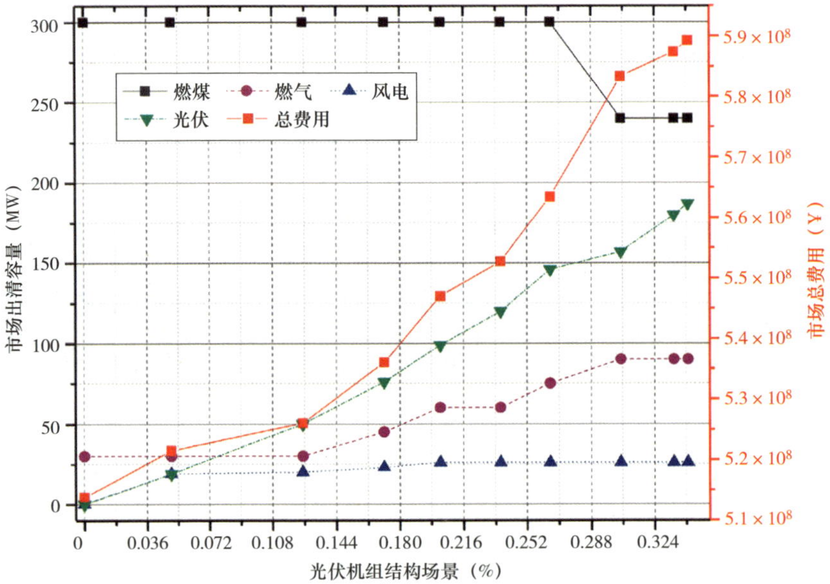

（b）

图7-5　不同结构约束场景下的容量市场出清结果（1）

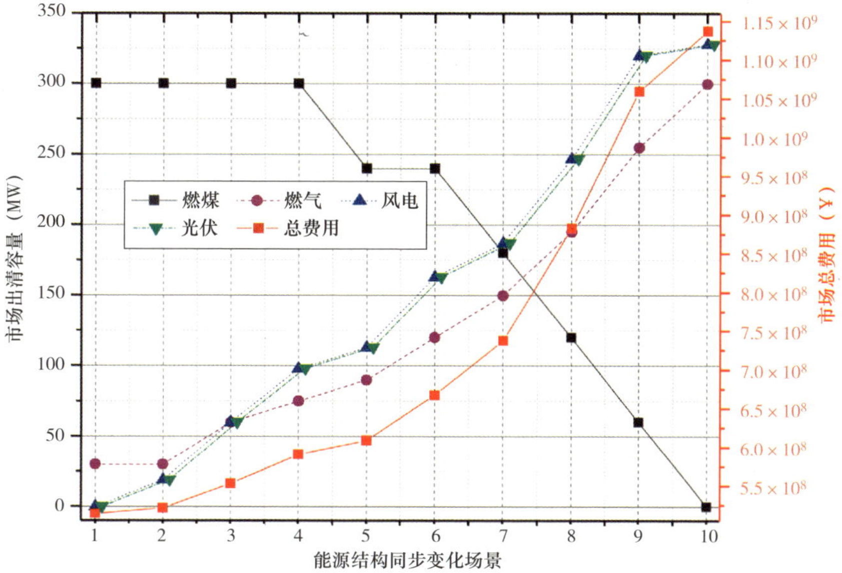

（c）

图7-5　不同结构约束场景下的容量市场出清结果（2）

（a）单一风电机组结构场景；（b）单一光伏机组结构场景；（c）能源结构同步变化场景

总体来看，在新型容量市场机制下，随着对风电、光伏等结构占比要求提升，在清洁能源初期不具备价格竞争优势情况下，仍能推动其容量有序投建。以图7–5（c）为例，从图中可以看出，在无容量结构约束（即结构场景1）时，风电、光伏均无中标容量，燃煤机组和燃气机组分别中标300MW和30MW，表明该场景下相比新能源，燃煤和燃气机组更具有价格竞争优势。在加入能源结构约束后，随着对能源绿色发展要求的提高，风电、光伏两类装机出清容量均有所上升；同时燃煤机组出清容量明显下降，为满足系统调峰等可靠性运行需要，具备良好调节能力的燃气机组出清容量大幅增加。以结构场景7为例，在此场景下燃煤机组中标容量下降至180MW，风电、光伏机组的出清容量均达到187MW，同时燃气机组的中标容量也有所上升，上升至150MW的水平。

2. 清洁能源申报价格变化场景对比

为体现所构建机制的灵活性和开放性，针对未来风、光等新能源成本逐步降低的预期场景进行模拟。基于新型容量市场机制，分别对风电、光伏申报价格变化场景下的出清结果进行仿真，部分申报场景如表7–4所示。

表7–4　　清洁能源申报价格场景　　单位：元/kW

机组类型	结构场景（%）	申报场景1（基准）	申报场景2	申报场景3	申报场景4	申报场景5	申报场景6	申报场景7	申报场景8	申报场景9	申报场景10
燃煤	无	420	420	420	420	420	420	420	420	420	420
燃气	无	300	300	300	300	300	300	300	300	300	300
风电	5.0	867	623	501	470	387	261	116	90	69	12
光伏	5.0	664	540	470	399	328	225	111	89	61	11

分别针对风电、光伏单一类型机组申报价格变化场景和风电、光伏申报价格同步变化场景的情况开展仿真。不同场景下容量市场的出清结果如图7–6所示。

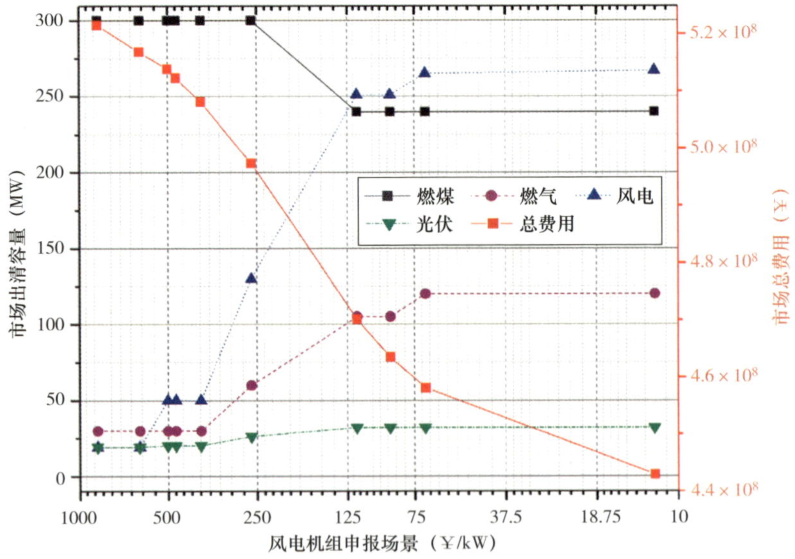

（a）

图7–6　不同申报场景下的机组出清结果（1）

（a）单一风电申报变化场景

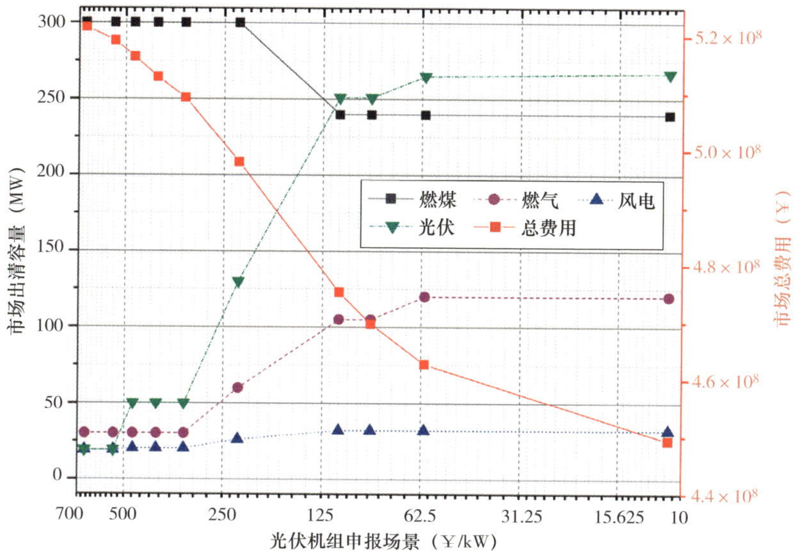

（b）

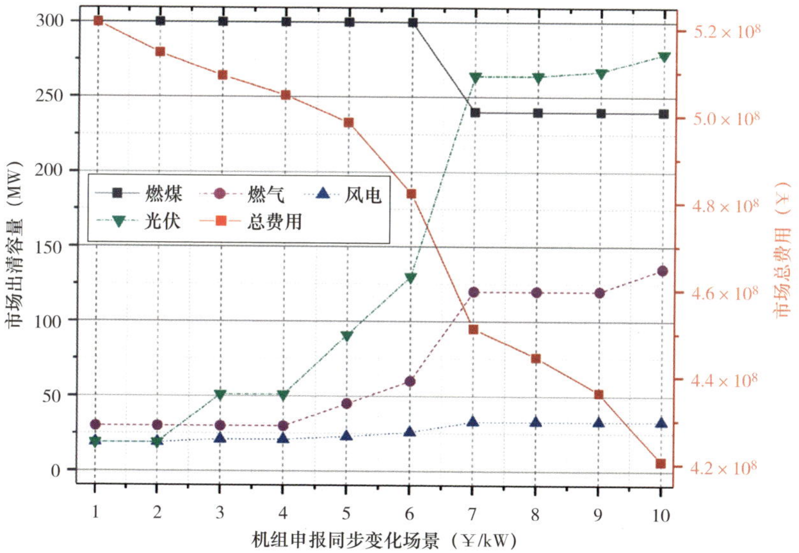

（c）

图7-6 不同申报场景下的机组出清结果（2）

（b）单一光伏申报变化场景；（c）全体清洁能源申报同步变化场景

从图中结果可以看出，随着未来风电、光伏等申报价格降低，新能源将具备在满足能源结构约束基础上，进一步竞争替代其他电源的能力。从图7-6（a）和图7-6（b）可以看出，假定其他类型能源申报价格总体水平不变的情况下，随着风电（或光伏）申报价格水平的降低，风电（或光伏）通过组合燃气机组可在容量市场中实现对燃煤容量的有效替代；伴随着新能源申报价格降低，燃气机组中标容量上升，以满足系统调峰运行约束。另外如图7-6（c）所示，风电、光伏彼此也会产生竞争替代，其中相对更具价格及调峰性能优势的新能源能够中标更多容量（如场景3～10中的光伏机组），体现了价格引导资源优化配置的作用。

7.3.5 关键问题

1. 资源约束型电源参与容量市场方式

水电、核电、抽水蓄能等都属于典型资源约束型电源，由于站址条件要求苛刻，在决策投资建设前需要做大量前期工作，且建设周期一般达到5～7年甚至更长。

考虑这类资源约束型电源的特殊性，可以有两种参与容量市场方式：①如果具备竞争条件，可让这类电源直接参与容量市场竞价，通过市场竞争来发现价格，不过容量市场首次竞价时间则可能需要提前5～7年，以覆盖该类电源建设周期；②如因资源约束使其不具备竞争条件，也可采用对其容量单独进行反向拍卖以确定容量价格，电源前期工作可由政府委托第三方开展，待确定中标商后再回收前期工作成本。

2. 存量容量资源处置

存量容量资源无疑应该参与容量市场出清，抵扣相应系统容量需求，其价格一般可以通过直接参与容量市场竞价形成。对于成本差异大的存量水电资源，为避免基于边际价格出清可能让部分低价机组获取超额收益，也可以综合原计划定价扣减电能量及辅助服务市场等期望收益后估算得到容量合约价格。

新容量市场机制不仅能发现新增容量资源的边际成本，也能发现压减存量容量资源的最小成本。通过反向拍卖等方式，以满足最小压减规模为前提，基于成交价格对压减中标机组进行补偿，并在市场出清模型中扣除退出容量。这也为未来存量低效化石能源机组提前退出，加速能源转型发展提供了可行途径。

3. 与电能量市场的衔接

所提出的新型容量市场建成后，现有电能量市场、辅助服务市场等几乎无需调整。另外，在新型容量市场出清模型中已将目标年的系统运行成本合并纳入考虑，可自然实现容量市场和电能量市场的协同优化和有效衔接。

由于不同类型的发电资源已在新型容量市场中充分体现了其资源差异性要求，在电能量市场中无需再实施任何差异化保护，各类电源可以完全放开竞争，以充分反映发电边际成本变化和电力时空价值差异。

容量市场建立后，因容量充裕度得到保障，已具备较强现货价格异常波动抑制能力，但仍有必要进一步严格市场监管，以防止潜在违规做市套利行为，可选监管措施包括设置较低的电能量价格申报上限等。

7.3.6 应用前景

所提出的兼容多目标调控需要的新型容量市场机制方案具有以下应用优势：

（1）有助于简化能源政策管控体系，实现精准高效地多目标调控，解决能源“不可能三角”协同问题。新方案同时兼顾了安全、经济、绿色等多政策目标需要，能实现对现今名目繁多、频频调整的新能源补贴政策，以及可再生能源配额制与绿证市场机制等的完全替代。新方案显著简化了能源政策管控体系，市场信号清晰，产业导向明确；同时调控手段便利、步伐可控，解决了多政策目标调控的协同难题。

（2）有助于建立激励相容机制，推动我国能源清洁低碳转型健康有序发展。长期以来，我国新能源补贴政策调整依赖于政策落地后的效果评估，响应周期过长，政策调整存在严重滞后，导致新能源要么超规模发展要么普遍亏损。新方案能给出明确新能源最小建设规模信息，在新能源不具备竞争优势时推动能源转型有序发展；也能兼容风、光等新能源成本不断下降，未来可能具备绝对竞争优势需放开发展的前瞻需求。

（3）有助于保障我国中长期能源电力供给安全。不同于西方发达国家，我国近年能源电力需求预计仍将以中高速增长，通过容量市场给出清晰的长期价格信号，将能激励投资主体及时作出电源建设投资决策，以避免出现“蛛网效应”，规避中长期能源电力供给不足风险。

（4）有助于充分发挥市场的成本发现作用，节约能源电力供给成本。新方案将新增电源竞争提至了投资建设前，基本消除了竞争主体的机会成本差异，增加了竞争强度，有利于最大限度降低建设成本。另外通过实施电力容量充裕度保障也减少了尖峰价格带来的用户损失等，都有利于节约能源电力供给成本。

（5）有利于妥善解决改革搁浅成本问题，在保证市场效率前提下兼顾公平。电力市场化改革以及享受额外补贴的新能源大规模发展，都对存量化石电源等造成经营冲击，新方案能以市场化方式对改革搁浅成本进行合理补偿。

（6）有助于简化市场监管，以及防范市场力。新方案将市场竞争提前至了投资建设前，竞争强度将得到显著提升，有助于防范市场力；而引入容量市场后，电能量市场将更多只反映系统边际可变运行成本变化，市场价格信号更为清晰，有助于降低市场监管难度。

8 结语

纵览世界各国电力市场化改革历程，没有放诸四海而皆准的标准电力市场方案，只有将市场设计普遍理论与中国实际进行有机结合，才能走出真正适合我国国情的特色电力市场建设道路。建立健全电力容量充裕度保障机制事关电力供应安全大局，也是完善我国电力市场体系，助推构建新型电力系统的关键。

本书首先概述了电力容量充裕度保障机制。论述了建设电力容量充裕度保障机制对实现存量资源价值最大化、增量资源投资最优化，更好地推动能源电力绿色低碳转型，促进新能源与传统电源协调发展等重要意义；基于我国电力市场建设发展现状，归纳概述了广东、山东、浙江当前已经实施的电力容量充裕度保障机制建设现状；结合电力商品属性特点，分析了建设电力容量充裕度保障机制的基本经济学原理，并概述了典型机制设计方案。

本书随后介绍了典型国家和地区的电力容量充裕度保障机制设计及运营情况。包括美国得州、澳大利亚采用稀缺定价机制以促进成本回收的应用案例，智利通过直接补偿机制保障发电供应充裕性的应用案例，以及美国PJM、英国的容量市场机制，德国战略备用机制的应用案例。各典型应用案例介绍了地区基本情况、机制设计方案等，对机制特点、适用性等进行了分析讨论。

最后结合现实国情，本书提出了我国电力容量充裕度保障机制建设方案，包括提出近期实行差异化容量直接补偿机制，以解决当前改革面临的燃眉之急，远期随着市场发展推进创新重构新型容量市场机制，以兼顾稳定过渡与创新发展的总体方案，从设计思路、实施方案、应用前景等方面对所提差异化容量直接补偿机制、面向新型电力系统的新型容量市场机制方案进行了详细介绍，可作为我国深入推进电力市场化改革，持续完善电力市场体系，建立健全电力容量充裕性保障机制的重要参考。

参考文献

[1] 陈政. 重构电力市场体系必要又迫切 [N]. 中国能源报，2021.

[2] 陈政. 电力行业容量市场亟待建立 [N]. 中国能源报. 2018.

[3] 陈政，尚楠，张翔. 兼容多目标调控需要的新型容量市场机制设计 [J]. 电网技术，2021，45 (01): 198-207.

[4] 陈政. 面向新型电力系统的容量补偿机制设计 [J]. 中国电力企业管理. 2022.

[5] 陈政，张翔，马子明，戴晓娟，夏清，赵燃. 引导电力供需长期有效均衡的容量市场设计 [J]. 中国电力，2020，53 (08): 164-172.

[6] 南方电网能源发展研究院. 年度系列报告：中国电力市场化改革报告 (2021年) [M]. 广州：南方电网能源发展研究院，2021.

[7] Govinda R, Timilsina. Demystifying the costs of electricity generation technologies [R]. World Bank Policy Research Working Paper No 9303, 2020.

[8] IEA. Projected costs of generating electricity 2020 edition [R]. 2020.

[9] Peeter Pikk & Marko Viiding. The dangers of marginal cost based electricity pricing [J]. Baltic Journal of Economics, 2013, 13 (1): 49-62.

[10] Pippo Ranci and Guido Cervigni (eds.), The Economics of Electricity Markets. Theory and Policy [M]. Northampton: Edward Elgar, 2013.

[11] Peter Cramton & Axel Ockenfels. Economics and design of capacity markets for the power sector [J]. Zeitschrift für Energiewirtschaft, 2012, 36: 113-134.

[12] Anne Lapierre, Chris Down, Tomas Gärdfors, Rob Marsh. Capacity

mechanisms: The price of security of supply [N]. Norton Rose Fulbright, 2016, 12.

[13] 许通. 多源电力市场发电容量充裕性评估方法与保障机制研究 [D]. 华北电力大学（北京），2021.

[14] EU commission. State aid: Sector inquiry report gives guidance on capacity mechanisms-frequently asked questions [EB/OL]. [2016-11-30]. https://ec.europa.eu/commission/presscorner/detail/en/MEMO_16_4023.

[15] 鲁刚. 电力市场环境下中长期发电容量充裕性问题的研究 [D]. 浙江大学，2008.

[16] Potomac economics. 2021 State of the market report for the ercot electricity markets [R]. 2020.

[17] 陈大宇. 电力现货市场配套容量机制的国际实践比较分析 [J]. 中国电力企业管理，2020 (01): 30-35.

[18] National Grid. Capacity auction user guide [EB/OL]. [2016-11]. https://www.emrdeliverybody.com/Lists/Latest%20News/Attachments/72/Auction%20Guidance%20v1.pdf

[19] DECC. Electricity market reform: Capacity market-detailed design proposals [EB/OL]. [2013-06]. https://assets.publishing.service.gov.uk/government/uploads/system/uploads/attachment_data/file/209280/15398_TSO_Cm_8637_DECC_Electricity_Market_Reform_web_optimised.pdf

[20] EMR Settlement Limited. WP48-volume reallocation EMRS working practice [EB/OL]. [2022-09-14]. https://www.emrsettlement.co.uk/document/working-practice/wp48-volume-reallocation/

[21] National Grid ESO. Capacity market auction guidelines 2021 *T*-1 capacity market auction for delivery year 2022/23 [EB/OL].

[2022-01-25]. https://www.emrdeliverybody.com/Capacity%20Markets%20Document%20Library/T-1%20Capacity%20Market%20Auction%20Guidelines%20including%20Auction%20User%20Guide%20for%20DY%202022-23.pdf

[22] National Grid ESO. Capacity market auction guidelines 2021 T-4 capacity market auction for delivery year 2025/26 [EB/OL]. [2022-01-25]. https://www.emrdeliverybody.com/Capacity%20Markets%20Document%20Library/T-4%20Capacity%20Market%20Auction%20Guidelines%20including%20Auction%20User%20Guide%20for%20DY%202025-26.pdf

[23] National Grid ESO. Final auction report 2021 one year ahead capacity auction (*T*-1) delivery year 2022/23 [EB/OL]. [2022-02-25]. https://www.emrdeliverybody.com/Capacity%20Markets%20Document%20Library/T-1%20DY%2022-23%20Final%20Auction%20Results%20Report.pdf

[24] National Grid ESO. Final auction report 2021 four year ahead capacity auction (*T*-4) delivery year 2025/26 [EB/OL]. [2022-03-04]. https://www.emrdeliverybody.com/Capacity%20Markets%20Document%20Library/T-4%20DY%2025-26%20Final%20Auction%20Results%20Report%20V1.0.pdf

[25] 喻芸，荆朝霞，陈雨果，季天瑶，张兰. 电力市场环境下典型发电容量充裕性机制及对我国的启示[J]. 电网技术，2019，43(08)：2734-2742.

[26] 国家电力调度控制中心. 电力现货市场101问[M]. 北京：中国电力出版社，2021.

[27] 尚楠，张翔，宋艺航，张妍. 适应清洁能源发展和现货市场运行的容量市场机制设计[J]. 电力系统自动化，2021，45(22)：174-182.

[28] Nan Shang, Yihang Song, Xiang Zhang, You Lin. Capacity market

mechanism design considering network optimization and energy transition [J]. CSEE Journal of Power and Energy Systems, 2021.

[29] Capacity Market Operations. PJM manual 18: PJM capacity market [EB/OL]. [2019-07-25]. https://www.pjm.com/~/media/documents/ manuals/m18.ashx

[30] FERC OKs PJM changes to capacity auction parameters; Glick dissents [EB/OL]. [2019-04-24]. https://www.publicpower.org/perioi-cal/article/ferc-oks-pjm-changes-capacity-auction-parameters-glick-dissents

[31] 张粒子，唐成鹏．英国容量市场模式在中国的适用性分析 [J]. 电力建设，2016，37 (03): 124-128.

[32] 侯孚睿，王秀丽，锁涛，张文韬，姚力，宫本辉．英国电力容量市场设计及对中国电力市场改革的启示 [J]. 电力系统自动化，2015，39 (24): 1-7.

[33] 梁青，许诺，童建中．美国PJM容量市场的新模式及其对华东电力市场的启示 [J]. 华东电力，2009，37 (07): 1148-1152.

[34] 王冬明，李道强．美国PJM电力容量市场分析 [J]. 浙江电力，2010，29 (10): 50-53. DOI: 10.19585/j.zjdl.2010.10.014.

[35] 谢开．美国电力市场运行与监管实例分析 [M]. 北京：中国电力出版社，2017.

[36] 冯冬涵，胡朝阳，甘德强，严正，鲍晓峰．华东电网发电容量市场模式建议 [J]. 电力系统自动化，2011，35 (08): 81-86.

[37] 鲁刚，文福拴，薛禹胜，等．电力市场环境下的发电容量充裕性（三）市场设计要素与原则 [J]. 电力系统自动化，2009，33 (5): 12-18.

[38] 文福拴，吴复立，倪以信．电力市场环境下发电容量充裕性问题 [J]. 电力系统自动化，2022，26 (16): 7-8.

[39] Fereidoon P. Sioshansi. 全球电力市场演进：新模式、新挑战、新路径

[M]. 北京：机械工业出版社，2017.
[40] 尚楠. 一种容量投建决策方案确定方法、装置和计算机设备 [P]. 广东省：ZL202110923802X，2021-11-26.
[41] 王蓓蓓，亢丽君，苗曦云，等. 考虑可信度的新能源及需求响应参与英美容量市场分析及思考 [J]. 电网技术，2022，46 (4)：1233-1247
[42] Galetovic A, Muñoz C M，Wolak F A. Capacity payments in a cost-based wholesale electricity market: the case of Chile [J]. The Electricity Journal, 2015, 28 (10): 80-96.
[43] 尚楠，陈政，张翔，张妍. 容量发电价核定方法、装置、计算机设备和存储介质 [P]. 广东省：ZL202110912370，2021-11-23.
[44] 张粒子，许通，宋少群，张枫. 电力市场中发电容量充裕性评估方法及保障机制 [J]. 电力系统自动化，2020，44 (18)：55-63.
[45] 王一，朱涛，张玉欣，卢恩，陈新宇，文劲宇. 适应中国电力现货市场发展的容量补偿机制初探 [J]. 电力系统自动化，2021，45 (06)：52-61.
[46] 陈雨果，张轩，张兰，戴晓娟，赖晓文. 南方（以广东起步）电力容量市场机制设计探讨 [J]. 广东电力，2020，33 (02)：45-53.
[47] 张妍，陈启鑫，郭鸿业，王一，卢恩. 引入投资决策的电力容量市场均衡分析 [J]. 电力系统自动化，2020，44 (20)：11-18.
[48] 德国能源署（DENA，2021）. 德国和欧洲电力系统充裕度评估及对中国的经验和借鉴意义 [EB/OL]. https://www.energypartnership.cn/fileadmin/user_upload/china/media_elements/publications/2022/Capacity-adequacy_CN.pdf
[49] 德国能源署（DENA，2021）. 德国电力系统中的灵活性技术与措施 [EB/OL]. https://www.energypartnership.cn/fileadmin/user_upload/china/media_elements/publications/2022/cn_Flexibility_Technologies_and_Measures_in_the_German_Power_System_CN.pdf
[50] 孙启星，尤培培，李成仁，刘思佳，李炎林，高效. 适应中国现行电力市场

环境下的容量市场机制设计 [J]. 中国电力，2022，55 (08)：196-201.
[51] 瞿晖，陈思捷，李然，徐澄科，严正. 三种容量充裕性机制在引导最优容量方面的等价性和在影响发电商收入方面的差异性 [J]. 中国电机工程学报，2022，42 (08)：2910-2919. DOI：10.13334/j.0258-8013.pcsee.220285.
[52] 谢开，彭鹏，荆朝霞，杨争林，朱治中. 欧洲统一电力市场设计与实践 [M]. 北京：中国电力出版社，2022.
[53] Ofgem. Informal consolidated version of the capacity market rules [EB/OL]. 2021-07-12. https://www.ofgem.gov.uk/publications/consolidated-version-capacity-market-rules
[54] National Grid ESO. Electricity capacity report [EB/OL]. 2021-05-31. https://www.emrdeliverybody.com/Capacity%20Markets%20Document%20Library/Electricity%20Capacity%20Report%202021.pdf
[55] BEIS. Capacity market auction parameters：letter from BEIS to National Grid ESO. 2021-07. https://www.gov.uk/government/publications/capacity-market-auction-parameters-letter-from-beis-to-national-grid-eso-july-2021
[56] Economics Help. Cobweb theory [EB/OL]. https://www.economicshelp.org/blog/glossary/cobweb-theory/
[57] 高鸿业. 西方经济学 (微观部分) 第五版 [M]. 北京：中国人民大学出版社，2020.
[58] PJM. RPM 101 overview of reliability pricing model [EB/OL]. https://www.pjm.com/-/media/training/nerc-certifications/markets-exam-materials/rpm/rpm-101-overview-of-reliability-pricing-model.ashx. pp: 31-32, 46-48.
[59] Emergent Energy Solutions, LLC. What is PJM? [EB/OL]. https://

www.pjmenergycredits.com/About-PJM
[60] Monitoring Analytics. 2021 State of the market reporting for PJM [EB/OL]. [2022-04-05]. https://www.monitoringanalytics.com/reports/PJM_State_of_the_Market/2021/2021-som-pjm-vol1.pdf
[61] 朱继忠，喻芸，谢平平，荆朝霞，邹金，禤培正. 美国稀缺定价机制及对我国现货市场建设的启示 [J]. 南方电网技术，2019，13 (06)：37-43+75. DOI：10.13648/j.cnki.issn1674-0629.2019.06.006.